李大霄投资战略

李大霄 / 著

LIDAXIAO
INVESTMENT
STRATEGY

第三版
THIRD EDITION

经济日报出版社
北京

图书在版编目（CIP）数据

李大霄投资战略 / 李大霄著. -- 3版. -- 北京：经济日报出版社，2025.1（2025.9重印）
ISBN 978-7-5196-1387-7

Ⅰ. F830.91
中国国家版本馆CIP数据核字第2024C2J583号

李大霄投资战略（第三版）
LIDAXIAO TOUZI ZHANLÜE（DISANBAN）

李大霄　著

出版发行：经济日报出版社
地　　址：北京市西城区白纸坊东街2号院6号楼
邮　　编：100054
经　　销：全国各地新华书店
印　　刷：天津裕同印刷有限公司
开　　本：710mm×1000mm　1/16
印　　张：16.5
字　　数：206千字
版　　次：2025年1月第3版
印　　次：2025年9月第7次
定　　价：68.00元

本社网址：www.edpbook.com.cn，微信公众号：经济日报出版社
请选用正版图书，采购、销售盗版图书属违法行为
版权专有，盗版必究。本社法律顾问：北京天驰君泰律师事务所，张杰律师
举报信箱：zhangjie@tiantailaw.com　　举报电话：(010) 63567684
本书如有印装质量问题，由我社事业发展中心负责调换，联系电话：(010) 63538621

此书献给我亲爱的母亲和相濡以沫近四十载的妻子

我认为，
越是在行情选择方向的时候，
越是在飘忽不定的关口，
越是需要分析员分析方向的时候，
一个鲜明的观点与判断才是真正有价值的，
任何模棱两可的判断，
任何捣糨糊的观点，
对听众并没有任何帮助，
仅仅是浪费了听众的时间，辜负了粉丝的信任。
我坚定地认为，
生命是异常宝贵的，
我不愿意在模糊中浪费……

推荐语

在股市的漫长征途中，投资者的权益保护需要不断强化。作为股民，又需要怎样的投资方式与心态？看了大霄先生这本书，也许会从不同角度有新的启发和收获。

——中国政法大学教授　刘纪鹏

人性不变，周期不改。超越人性，笑看人生，最后的胜利者永远都是乐观者。

——第十三届全国政协经济委员会委员、
中央财经大学证券期货研究所所长　贺强

找到适合自己的，才是盈利之道。投资切忌人云亦云，每个人的资金状况、承受风险的能力、操作技术等不同，就会有不同的策略。本书用朴实的语言，讲述了一种同样朴实但很有实效的思想。

——中央财经大学金融学院教授、中国银行业研究中心主任　郭田勇

大霄的书讲的其实是投资哲学。只要你抱定"信心、耐心、平常心"，一以贯之，最简单的策略或许就能获利。但能做到的人很少。无数经验证明，大凡以投机的心态进入市场的人，最终都是输家。

——中国社会科学院金融重点实验室主任　刘煜辉

自序（第三版）

为什么要写这本书？其实写书是一件经济效益不高的事，但能把我这些年的投资心得分享给大家，能够给大家一些启示，我也乐在其中。

本人提倡做好人、买好股、得好报。弘扬余钱投资、理性投资、价值投资，拥抱最低估最优质最具有竞争力的蓝筹龙头股，远离高估五类（高估的小、新、差、题材、伪成长）股票，方能实现幸福美好人生。

有的人说："我是好人，为什么还没赚钱？"其实股票投资成功者的数量分布与其他各行业成功者的数量分布一致，成功者往往是出类拔萃的少数人。要做好人，而且要做更好的人，这是一个前提和原则。若还不够好，就要严格地修炼自己、提升自己，让自己变得更好，成功的概率才能增加。只有优秀的投资者才能配得上优秀的上市公司，最杰出的投资者才能配得上最伟大的公司。

股票投资一定要量力而为。要准确评估自己，不可强求，要非常谨慎小心。股票投资只能使用余钱，余钱只能占自己总资产的相当小的部分。余钱的第一个条件是 30 年至 50 年没有使用安排，第二个条件是能承受其在投资过程中出现的净值波动。很多投资者满足第一个条件，但第二个条件远未满足，大问题就出现了。

股票投资诠释着人性的弱点，不从众的反向操作是步入成功的一个渠道。这需要极大的勇气和意志，以及淡泊的心态，而这一点点淡泊只有极少数人才能做得到。这就是股票市场的投资者需要面对的巨大挑战。

股票投资首先要克服贪念，但能够做到这点的人却是凤毛麟角。绝大部分人都还没有过关，绝大部分人一生都为之战斗。在股票市场狂热的时候，保持一份淡泊非常重要，比如在 1558 点、2245 点、6124 点、5178 点、3731 点这 5 个历史大顶的附近就要非常警惕和小心。

贪念其实无处不在，无时不在。在股票市场之外，其他地方的投资也充满风险，世界上其实不存在绝对投资安全的场所，关键是要提高自身认知水平，才能相对安全。

股票投资也需要勇气，可能够做到者亦万中无一。这与上述规则看似矛盾，但不相悖。什么时候需要勇气？在国家需要的时候有勇气，而这个时候，往往是绝大部分人退出的时候。这也是股票投资成功者仅仅是少数人的重要原因。过去的 30 多年，有 7 个低点，325 点、998 点、1664 点、1849 点、2440 点、2635 点、2689 点。这些低点附近皆是非常需要投资者勇气的地方。

股票投资与合伙做生意类似。选好人，选好公司，在最需要的时候参与和加盟，在未来一起享受成长的结果，不亦乐乎？在合作伙伴最困难的时候加盟，此时最需要勇气，而且成本最低，而不是在最狂热的时候入局。股票投资亦是如此。

股票投资者需要强大的意志。为什么绝大部分人仍然摆脱不了高估五类股票的陷阱？绝大部分人购进了高估的五类股票而损失惨重。因为他们并没有合伙做生意的理念，人生观、价值观尚不清晰，尚没有足够的意志力，意志力不足必然抵御不了诱惑。

投资者需要为自己身上每一个认知缺陷"交学费"，直到自己身上所有漏洞都补全了，"收学费"的时光才会慢慢到来。

这个过程有快有慢。以10年作为一个阶段，极少数极端聪明、极端优秀、极端勤奋者起码也要第二阶段或者第三阶段毕业后才能开始"收学费"，当然天选之子除外。绝大部分人需要先经历基金投资五步骤，即经过货币型基金、债券型基金、混合型基金、指数型基金、股票型基金五个步骤投资训练，每一个步骤视个人条件不同需要时间不等，成功掌握并完全毕业之后才能进入股票第一阶段，切记万不可跳级。

世事洞明皆学问。股票投资是一场终身学习的过程，真正的股票投资者应该放眼全球胸怀世界，永远尊敬老师，永葆好奇之心，永葆求真之心。真正的股票投资者还要分辨是非黑白，明事理，对事事关心，对样样都得了解，对人心、人性必须深入思考，交往、沟通、表达、写作等也不逊色。在这过程中只有少部分人身心修行皆圆满。倘若只是交了一点学费，就令自己收获多多，岂不是意外惊喜？若一部分人最终能够收一点学费，岂不是喜上加喜？若再能给下一代指明一条人生正确方向，给出一些经验和启示，岂不是意外收获？就算是非股票投资者，若能够从本书中得到一些人生感悟，也是美事一桩。

普通人切不可辞职炒股。倘若职场中尚不能够经受考验，必定经受不起股票市场的打击，皆因股市是现实放大器。普通人一定要远离杠杆，能够管理好自身财富就是奇功一件。要戒赌，赌是万恶之源。没有专业知识和技能，切勿受诱惑而使用融资，这是一条不归路。一定要远离高风险产品，远离衍生品，远离坏人、小人，远离盲目自信，远离无知无畏。股市之路充满挑战，平坦之路其实世上难找。

股票投资其实是浓缩的人生。身在其中者，提前尝尽甜酸苦辣，提前尝尽世间冷暖，提前尝尽悲欢离合，提前领悟人间百态。

股票投资其实是一个家庭和其他家庭的"竞争"。家庭是一个整体，投资之前一定要征得家里的同意，而这笔钱的性质也只能是余钱，投资波动也一定要在整个家庭的承受范围之内。在最困难的时候，来自家庭的关心和朋友的帮助就尤为重要。团结决定成败。

　　投资看似门槛很低，实则很高，最大的误区是进入股票市场的人认为门槛很低。一个医生，需要多年学习与实践，才能成为一个成熟的医生，工程师和律师也是如此，而股票市场的复杂程度远超以上岗位，但绝大部分股票投资者都没有受过系统性学习和实践就进入市场，这是最大的问题所在，普及证券知识、证券投资方法和投资逻辑尤为迫切。但绝大部分投资方法皆是急功近利之术，普及余钱投资、价值投资、理性投资之道者甚少，因为"收不到学费"。绝大部分盲目入市的散户朋友在黑暗中苦苦摸索不得其法。一本能够让人们走正道的书就显得尤为必要，虽然短期能够读懂者并不会多，但若万人之中有一个人读懂，能够有所帮助，能够有所收获，也就心满意足了。

　　我坚定地认为，衡量一个人的价值，不在于他赚了多少钱，而是他能够帮助多少人。我一直践行这一原则，致力传播正确的投资理念，致力帮助那些在股海中的人。若有人有幸悟道得益，也不要忘记帮助他人。

　　股票投资是人类优秀品质的大比赛。若通过这比赛，随着岁月的推移，其中一部分人的品格能够得到进一步提升，社会岂不是更加美好？这就是写作本书的真正原因。

　　本人潜心写作的这段时间里，恰逢行情的转折关口，每天怎么判断行情？通过什么来判断？怎么理解当下发生的事情？对市场会产生什么影响？当下如此，展望未来又是如何？希望本书能够揭示一二。

李大霄
2024 年 10 月

导读(第三版)

　　我弘扬价值投资,价值投资需要克服人性的弱点,这是非常困难的。价值投资仅仅是极少数人能够理解的,只有极少数人能够做到,其要求是非常高的,对每个人都是极大的挑战,是一场异常艰难的修行,很难被大部分人接受。所以没有价值投资决心的读者很难成功。

　　预测会受到多种因素甚至是不可抗力的影响而发生偏差。特别是短期预测,受影响的因素会更多,本书内容仅仅是个人观点,绝对不能作为操作依据。

　　我在从业的早期,非常希望能够找一个观点鲜明的分析员,长期跟踪他的观点,并与自己的判断进行对比印证。苦苦寻找了多年无果,最后还是由自己来吧。

　　前瞻才是价值,同步只是解析,滞后那是回顾。看绝大部分的单位,做年终总结的多,鲜有做新一年的预测。所以养成的习惯是绝大部分人都做回顾的工作,极少部分人做解析的工作,几乎没有人愿意做前瞻的工作。因为不确定的因素太多。

　　对大势进行准确的前瞻性判断,才能增加取胜的概率,所以,鲜明的观点才会对其他人有一定帮助。模棱两可只会浪费自己和读者的生命。

鲜明的观点可能会错，而错会挨骂，所以绝大部分人不愿意表达。但模棱两可又浪费生命，我亦不愿意。况且，鲁迅先生说过，时间就是生命。浪费别人的时间无异于谋财害命。

如何是好？还是选择不浪费生命的罢。我的生命很宝贵，读者朋友的时间即生命更加宝贵。

这是我选择鲜明观点的根本原因。

为什么要预测点位？只为了更加极致鲜明地表达观点而已。

为什么要进行短期预测？长期预测、中期预测和短期预测其实每个投资者都需要，操作上完全可以根据自己的周期来进行，只是预测周期越短，预测准确的难度越大，预测不确定性越高，所以绝大部分分析员都回避短期预测。

短期预测并不影响本人进行价值投资理念的传播，甚至还有助于扩大价值投资理念的传播。

股票投资更多与具体投资标的相关而与指数并不完全相关，除非是指数产品。股票投资成功与否取决于投资者本身的能力，投资并不一定使每个人都能获得成功，投资成功是一个激烈竞争的结果，只有排在前列者才能成功。投资之前一定要有多种准备。

股票投资一定要量力而为！只有余钱投资、理性投资、价值投资方能够更加久远，可很多人都不遵守。很多人都不懂价值，更加缺乏理性，遵循余钱投资原则的人少之又少。

应该底部进场顶部出场，可绝大部分人恰恰相反，底部出场顶部进场，人性的弱点往往在此。最优秀的股票寥若晨星，而平庸的和高估的股票数量很多。

人往往愿意听取与自己相同的观点，拒绝与自己相左的意见，这也是亏损的原因之一。本书不能够让所有读者都赚钱，但若能在万人之中启发一人，就心满意足了。

谦虚才能进步。投资需要步骤，绝大部分人都不按步骤来，这是亏损的根源。

牛市也不能够保证每个人都赚钱，其实牛市更危险。

建议散户投资步骤：1. 货币式基金；2. 债券式基金；3. 混合式基金；4. 指数式基金；5. 股票式基金；6. 蓝筹股。每一步要成功之后才能进入下一步，特别聪明的除外，切勿跳级。

投资成功，我认为需要15个条件。

01

需要是价值投资者。我坚持价值投资，不认同这个理念的话，很难达成一致。价值投资和趋势投资是两个不同的门派，就像少林派和武当派是无法结合在一起的。

02

需要达到一定的年龄。芒格先生说过，40岁以上的投资者才懂价值投资，我也赞同这个观点。当然很聪明的年轻人例外，年轻人如果懂价值投资的话那就是超人了。

03

需要有一定的阅历和学识，需要具备金融知识，需要了解各种各样的门派。

04

需要有判断是非黑白的能力。具备这个能力才能进入股市，很多人亏损是因为不能辨明是非，能分辨是非黑白，至少也要分辨出好人和坏人，是减少亏损的一个基本条件。

05

股票投资一定要量力而为，需要用余钱进行投资。使用急用的钱投资的，比如看病、上学、养老、买房、结婚的钱，注定在投资市场上走不远。

06

远离杠杆。利用杠杆的人心态大多不稳定。买股票和买房不同，买房可以用杠杆，因为银行借钱的时候是算清楚了你的还款能力的，但买股票一定不能用杠杆。

07

需要有稳定的收入，这是最根本的一条。只有具备源源不断的后续资金和收入来源，心态才能稳定。买股票时候想象一下行情，假如停止交易10年自己都可以接受的话，那就可以买股票。如果连停止一天交易都无法接受的话，就不要买股票。

08

需要是长期投资者。要看到股票以后的发展前途。要以一个比较低的价格进入，这和现在不适合买过于昂贵的次新股是一样的道理。

09

需要有坚强的意志和坚韧不拔的精神。有些人意志比较薄弱，有些人越艰难困苦反而越坚定，泰山压顶面不改色。"地球顶"的时候，我告诉大家要忍住诱惑，要耐得住寂寞；"钻石底"别人不敢买入的时候，要大胆买入低估的好股票。

10

需要有稳定的情绪。投资者的情绪会表现在投资的整个过程中，稳定心态和情绪，不能急躁，因为财不入急门。

11

需要有良好的家庭关系。无论是父母的爱，子女的爱，爱人的爱，还是朋友的爱，在最困难的时候，关爱是很关键的。这个因素是很多投资者所忽视的。

12

需要有坚定的立场。"滑头"是没有观点的，立场摇摆不定，现实生活中大家都不喜欢"滑头",但是股市中不少人以做"滑头"为荣,令人匪夷所思。

13
需要有正确的世界观,道不同不相为谋。

14
需要有感恩之心。

15
做好人买好股。

现"割韭菜"者多,"救人"者少,因"割韭菜"者赚钱,"救人"者不赚钱。还因"割韭菜"易,"救人"难;引人走邪道易,引人走正道难;引人做坏人易,引人做好人难。但总得要有人去做后者,虽然后者要付出挨骂的代价。但在一万人之中"救出"一个两个,善莫大焉。

序（第二版）

投资如做人　品德与技术并重

很少见李大霄先生，但知道他是个踏实而有主见的人。不要以为这只是泛泛夸奖，在各种利益的逼迫下，证券市场能坚持主见的研究者不多。

看看李大霄先生的履历，人们会误以为他只是个出色的预言家——2000年中期提出"摘荔枝"，2005年中期提出"播种"，2006年提出"不拔青苗"，2007年提出"摘熟苹果"，2008年提出"保护胜利果实"，2009年融冰之旅已经启程，2010年融冰之旅需要坚持，2011年融冰之旅渐入佳境，2012年在股市仍旧一片悲观时提出"钻石底"，2015年5月，在股市疯狂时又预言"地球顶"的到来，8月底当股市一片迷茫时又提出"婴儿底"。

任何事情看后视镜回头分析容易，做预言难。事后分析体现的是后见之明，事前分析并且准确预言体现的是对于市场规律和现实状况的把握，更容易被臭鸡蛋与烂番茄袭击。

每个投资者都会背诵"在别人恐惧时贪婪、在别人贪婪时恐惧"，但什么时候到了该贪婪的时候，是在沪综指4000点时贪婪，还是跌到3000点时贪婪，各花入各眼。因此，尽管李大霄先生在证券市场有着良好的声誉，人们依然将信将疑，因为人性在任何时候都是贪婪与恐惧并存。

2009年的融冰之旅寒气逼人，2010年提出融冰之旅需要坚持，2011年融冰之旅渐入佳境，2012年在股市仍旧一片悲观时提出"钻石底"，投资者狐疑不定，因为此时在融资、再融资的逼迫下，中国证券市场的表现在全球垫底，与陷入主权债务危机的希腊等国为伍。而2015年股灾之后，股指来回震荡、分化严重，没有明确的预期，此时提出"婴儿底"，并不讨好。

笔者坚信，从长周期来看，李大霄先生是正确的，作为体量庞大的经济体，蓝筹股处于历史估值底部，这与中国的经济体量与发展成果不匹配，也与中国活跃的民间资金不匹配。中国证券市场未来将有一轮大飞跃行情，股市必然跑赢楼市。正如日本与中国香港在经济起飞之后都伴随着证券市场的腾跃。但没有人知道，中国转型期需要多长时间，也没有人知道，随着业绩的下滑，A股的主要指标会发生怎样的变化。预期，需要对中国宏观经济、企业赢利、货币政策以及市场曲线同时做出判断，这是非常艰难的工作。

从短周期来看，市场底部的信奉者将付出坚韧的代价，甚至要做好偶尔亏钱的准备。理由很简单，从2010年开始，中国传统行业进入紧缩周期，证券市场被赋予了更多的社会责任，从为银行等大型企业补充资本金到为创新型企业解决融资难，甚至挤除资产价格泡沫、抑制通货膨胀，都成为证券市场的重要任务。所以，到了市场底部，什么时候能腾飞，实在难料。

来看看美国市场的先例。

美国证券市场完整地诠释了股市是经济晴雨表的含义。道琼斯指数围绕1000点争夺了17年。1966年1月18日，道指盘中最高触及1000.50点，直到1982年12月，才成功翻越1000点，并一直保持。

其中 1972 年和 1976 年，道指突破千点全部回落。

另一场惨烈的道指万点争夺战从 1999 年延续至今——自 1999 年 3 月 16 日首次盘中触及 10000 点以来，道指先后 63 次突破然后跌破这一关口；2010 年 6 月 29 日，道指报收于 10138.52 点，仍在万点之间打转，道琼斯指数的万点争夺战远未结束。

第三场战役来自于对 2008 年以来国际金融危机的抵抗，从 2009 年以后，由于量化宽松、上市公司回购股票等举措，美国进入了一个大牛市。

虽然短期存在争议，但李大霄先生的长期判断基本毋庸置疑，更重要的是，他是个值得信赖的朋友。每个人都希望自己的朋友能够荣辱与共，携手共度，人生最可怕的是关键时刻有个放冷箭的朋友，就冲着李大霄先生每次关键时刻坚守理念、甚至放弃眼前利益在所不惜，这样的人，就值得交。

对于证券市场而言，李大霄先生具备最关键的素质，一是对市场的热爱，二是勤奋与刻苦，三是一以贯之的逻辑。

一次与李先生共同出席东莞某个论坛，一脸敦厚的他眉飞色舞讲述证券市场规律，令人印象深刻。这位与中国证券市场共同成长的人对于市场无比热爱，他的表情、他论述的细节无法造假，每天的阅读与分析，每天十几个小时工作数十年，已经印证了他的刻苦。

很多人相信存在平时袖手无事的天才，所谓龙居于野而能一鸣惊人，这一套罗曼蒂克的调调在证券金融市场根本行不通，没有一个研究者可以离开市场数年不闻不问还能保持市场的敏感度。职业精神必须体现在坚守中，没有对行业的热爱不可能做到这一点，没有对行业的热爱与辛苦，对市场的正确敏锐度很快会消失。

同样重要的是，李大霄先生的分析逻辑与框架从未改变，资金流动性、估值、行业分析等等，并且要随时根据市场变化更新变量与数据。说来容易做来难,大道至简。一次分析错误,很多人会全盘推翻分析框架,能够几十年如一日地坚持分析、检验自己的分析框架,这是平凡生活中的伟大。本书是作者长期分析的结果,用一句话说,它浸淫了几十年的市场化,中国特色市场以及作者的品格尽在其中。

希望人人都能坚守。

读者肯定希望具体看到分析框架,看到分析框架中体现什么样的市场理论,体现作者什么样的人品,这不,来了。

叶檀　财经评论家

2015 年 11 月

目录 CONTENTS

第一部分　有的人冲动，有的人沉稳

投资品种的选择与风险偏好　　　　　　　　　　/ 003
做投资决策首先要"不差钱"　　　　　　　　　　/ 004
要投资不要投机　　　　　　　　　　　　　　　/ 007
"坐轿子"还是"抬轿子"　　　　　　　　　　　/ 009
财富是如何转移的？　　　　　　　　　　　　　/ 011
交易的最高境界：少交易　　　　　　　　　　　/ 015
市场的博弈：比体力，比智力　　　　　　　　　/ 017
股市赚钱的概率：你必须考全班前 5 名　　　　　/ 019
股票市场的生命周期　　　　　　　　　　　　　/ 021
我心中的巴菲特：价值投资的典范　　　　　　　/ 024
"超人"李嘉诚：稳健中求发展　　　　　　　　　/ 030

第二部分　判断大势的风向标

股市的四大风向标　　　　　　　　　　　　　　/ 035
把眼光更多地放在其他市场　　　　　　　　　　/ 038
政策动向需要引起高度关注　　　　　　　　　　/ 041

估值水平偏高预示摘"熟苹果" /043
碰到重大历史事件：要有提前量 /045
谈谈 B 股 /047

第三部分　有时需淡泊，有时需勇气

讲与听——3000 点需要坚持 /051
警惕"舆论一边倒" /054
要承受住不被认同的孤独 /056
在股市里投资要经得住折腾 /059
股票市场的墨菲定律 /061
追涨杀跌 /063
淡泊和勇气 /064
乐观者才能在股市中胜出 /065
坚持是一件非常艰难的事情 /067
把钱交给对社会有正面作用的公司 /068

第四部分　股市杂谈

谈谈投资方法与社会效率 /073
怎样正确选择和理解股票评论 /074
赌经济还是赌政策？ /077
关于我——风格和追求 /078
天很冷，但不会永远 /079
牛市和熊市的回忆 /080
在股票低迷时家庭支持尤为重要 /085

恐惧踏空还是恐惧套牢？	/ 086
一家之言	/ 088
抓大放小	/ 089
股市低迷时不要失去信心	/ 090
用血汗钱别做股指期货	/ 091

第五部分　我眼中的大势（2007—2024）

2007—2023年股市观点摘录

A股长期估值顶部已经形成	/ 096
A股市场稳定的基础	/ 104
A股逐渐步入长期投资起点	/ 111
五大理由促1849点成为历史重要底部	/ 114
五大逻辑支撑"地球顶"的判断	/ 119
"婴儿底"已经成立五理由	/ 122
2440点有望成中国股市第五个历史大底	/ 124
万亿巨量22天却不涨风险凸显	/ 125
美股百年第四个历史高位或已出现	/ 127
新股破发预示市场转弱　宜从进攻变为防御	/ 131
价值投资者要异常珍惜3000点之下的美好时光	/ 133
中国最优质核心资产率先进入牛市十大原因	/ 135
中国股市最优质核心资产重心上移	/ 137
中国股市大蓝筹重心上行是有基础的	/ 140

2024年2月—10月股市观点摘录

加强对散户的投资者教育	/ 144

稳定市场刻不容缓 / 146
股债配置比例纠偏或已开始 / 149
中国股市长远健康发展的九个建议 / 151
A股迎来好兆头 / 154
最小散户的声音值得高度重视！ / 155
恶意做空者要小心了 / 156
中国股市罕见7连阳 / 157
九个重要变化预示中国股市将步入全新发展阶段 / 159
以"投资者为本"，中国股市才有希望 / 162
继续保持一二级市场平衡，股市何愁不好？ / 164
中国股市优质资产融冰之旅或启程 / 166
收复3000点，价值回归刚刚开始 / 169
谈谈"火场论" / 171
供求关系出现逆转是二月超级大阳线基础 / 173
重视回报投资者是重大进步！ / 175
中国股市首提增强资本市场内在稳定性 / 177
对"铁公鸡"进行制约是重大进步！ / 179
我国股债差已经到达高位区 / 181
货基涨停预示债市或已出现泡沫 / 183
从债基限购谈起 / 184
利好组合拳起化学反应　股票市场热情被点燃 / 186
外资又抄走中国股市大底 / 188
再谈外资空翻多 / 190
市场大跌是强势调整并非暴跌开始 / 192
长期资金入市才是大道 / 193
八大利好支撑市场稳定 / 195

在美推介A股是利好	/197
新"国九条"出台是重大利好	/199
一季度宏观数据超预期　中国优质资产成中流砥柱	/201
采取先救港股策略非常正确！	/203
港股迈入牛市鼓舞A股	/205
中国股市突破年线	/207
中概股或打响"大国牛"第一颗信号弹	/208
A股"五一"节后或分化	/209
五大原因促使中国股市创年内新高	/211
耐心资本来了！	/213
中国股市大步流星迈进技术性牛市	/215
极端重债轻股现象有望逆转	/217
4月CPI超预期改善	/219
中国首轮"高息牛"或已到来	/221
A股顶住IPO压力表现得异常顽强	/223
全球主要股指中其实A股最真实	/225
"地平线"保卫战再度打响	/226
规范程序化交易要加大实施力度	/227
在"地平线"重新起飞或不再是奢望	/228
再谈保护投资者利益	/229
资金流入ETF曙光或出现	/230
中国核心资产牛市或已到来	/231

后记　　　　　　　　　　　　　　　　/234

第一部分

有的人冲动，有的人沉稳

有的人冲动，有的人沉稳，有的人处事果断，有的人犹豫不决，每个人的生活经历是有区别的。不同的心理素质给股票的操作带来非常大的影响。

第一部分　有的人冲动，有的人沉稳

投资品种的选择与风险偏好

投资品种的选择有很多。有高风险的，有低风险的，根据自己的风险承受能力，你想挣多少钱，这是有很多区别的，没有一个统一的标准。只能说哪种品种适合哪类投资人。

具体来说，投资品种大体上可以分为下面几种：

极高收益极高风险：高杠杆特性产品如期货、外汇、权证；

高收益高风险：三板、创业板、三线股、二线股；

中收益中风险：蓝筹股、股票型基金、指数型基金、混合型基金；

低收益低风险：国家债券、企业债券、债券型基金、保险产品；

极低收益极低风险：货币型基金、银行存款。

首先大家要把高风险、中风险、低风险搞清楚。还有一个判断标准是杠杆率，杠杆率越高风险越高，杠杆率越低风险越低。

外汇的杠杆率是多少？最高是400倍。400倍是什么概念？你的资产是1，它的风险波动是400倍，因此你的资产和风险一定要匹配。

我认为能把自己的财富管理好就不错了，切记要远离杠杆。当你的财富是1，拿400倍的东西放大的话，你需要有能力管理400倍的财富。股指期货大概是6到12倍，也有可能是8倍。

2008年国际金融危机出现的问题是什么？就是因为杠杆太大，美国人是20~30倍，欧洲人是40~50倍，结果出了问题。

我认为，普通人要远离杠杆。

李大霄投资战略（第三版）

做投资决策首先要"不差钱"

选择投资对象需首先确定目标

进行证券投资决策管理，首先要做的就是确定目标。做这个投资，我的目标是什么？我要做一个计划，重要的问题是什么？目标定多少都可以，只要是合适的目标就行。其次要有风险的承受能力。在做投资之前，需要确定风险的承受能力与范围，以及投入资金的规模。

我认为确定目标最为重要的几点是：力求达到利润指标及可能承受的风险（损失率），准备动用的资金量为多少，是否准备分段投资，以备不测的后续资金状况怎样，投资对象应大致确立并做好定位。

现金非常多的人和现金非常少的人，其思路和心态是不一样的。现金多的人投资，后续力量非常强大，前面投入和后面投入不是一个概念。这种状况和只有一笔钱、"援兵"非常少的情况有很大差别。

后续的资金状况怎样，是决定你投资策略非常关键的一点。后续力量如果很少或没有，你就要慎重考虑一下；当然如果后续力量很充足，策略就不同。确定了这几个方面就可以选择投资对象了。

第一部分　有的人冲动，有的人沉稳

流程控制非常重要

要能控制决策执行情况，这一点也很重要。决策付诸行动之后，并不是万事大吉、高枕无忧了。若一切在预料之中自然最好，但也可能出现未预料到的问题，因此需要随时掌握执行情况，做好应急措施，不断作出更符合实际的决策。

第一，投资者的财力状况是制订投资计划首先要考虑的问题。

一定要有充足的"弹药"。"不差钱"和"差钱"是大不一样的。用作投资的资金必须是扣除必要的生活费用后的剩余资金。有充足后备的人，比没有任何后备的人心态要好很多。因为后备充足的人对市场的起落不是非常在乎，这是一个根本区别。有的投资人没有把剩余资金准备好，心态往往不会太好。这是一个博弈的过程，大家几乎都处在同一水平上，心态稍微弱一点，就会处于劣势。股市上的钱和生活上的钱不能相连，这对于投资者的意义非常重大。

而且，这两种人的投资策略完全不同。如果对投资收益过分依赖，又赔不起本金，则应以盈利保本及风险较小的投资品种作为投资对象。对资金相对充裕的人来说，可采用稳健型的投资决策。

第二，投资的时间是否充裕非常重要。

我认识很多退休工人，他们的钱是50年甚至70年积累起来的。怎样办？这个时候千万不要用激进的方法，而应该把风险比较小的产品作为投资对象，因为投资时间没那么充裕了。时间充裕的人和时间不充裕的人，投资策略是完全不同的。对于时间充裕的人来说，在其他条件具备的情况下，可以做时间较长的投资。

第三，心理素质及对风险的态度也会对投资决策产生影响。

有的人非常冲动，有的人非常沉稳，有的人处世果断，有的人犹豫不决，每个人的生活经历是有区别的。不同的心理素质会给股票的操作带来非常大的影响。

对风险的态度也会对投资决策产生影响。有的人喜欢风险，有的人厌恶风险。首先你要判断自己属于哪一类人。一个非常喜欢风险的人，跟一个很厌恶风险的人，在是否投资、选择股票品种、操作的决策方面是完全不同的。

情绪稳定又有控制能力的人，才能选择长期投资。这需要定力。

第一部分　有的人冲动，有的人沉稳

要投资不要投机

在股票投资市场上，有两大策略：一个是投资，一个是投机。那么，我们到底选择什么样的策略比较好呢？

我认为，投机策略应该在充满投机气氛同时具备投机技巧时选择；投资策略应该在符合投资条件同时具备投资水平时选择。

从种种情况来看，投资和投机最重要的问题是什么呢？有几个前提需要搞清楚。

就投机而言，第一个是要有投机氛围，第二个是要有投机技巧。对于投资而言，第一个是要符合投资条件，第二个是要具备投资水平。两者是截然不同的。

一般来说，股票投资者是高风险追求者，最缺乏的往往就是耐心。这也是拥有财富初级阶段的投资心理特征。

那么，投机策略和投资策略到底应该选哪个？

我给大家讲一个故事。美国的小镇上，有一个股票经纪人，这个经纪人后来成为小镇的名誉市民。他挨家挨户地敲门，让小镇的居民买可口可乐的股票，他认为可口可乐将成为伟大的公司，结果这个镇的人都成了百万富翁。这是运用投资策略的典型例子。

还有一个例子。在2008年国际金融危机时，在港股市场中，大量内地蓝筹龙头股在以0.2~0.3倍的PB交易，我看到的不是风险，而是巨大的机会摆在中国乃至全球的投资人面前。因为大量的好股票是非常便宜的，这就具备了投资条件。下次碰到同样的机会，大概要再等上几十年。

投机和投资相比，最后真正挣大钱的应该是投资者。普通人要老老实实投资远离投机。

第一部分　有的人冲动，有的人沉稳

"坐轿子"还是"抬轿子"

股票市场有人喜欢"抬轿子"，有人喜欢"坐轿子"，"萝卜白菜各有所爱"，任君选择。这是短线投资者和中长线投资者的区别，也是投机策略和投资策略的区别。

对于"坐轿子"还是"抬轿子"，我没有个人偏爱。每个人可以根据各自的心理状况、个人素质、性格特点等来决定。走路快的就去"抬轿子"，慢腾腾的就"坐轿子"，无所谓好坏。

我认识一位投资高手，腿脚不方便，却是一位典型的"坐轿子"专家。他是一个财务专家，买了好股票不动，到现在有着非常丰厚的收益。

我还知道有一个16岁的年轻人，就是一个"抬轿子"专家。他的资金从6000元涨到3000万元。16岁的小男孩没有任何高深的理论知识，厉害在哪里？他的动作非常快，第一天进去，第二天出来。"抬轿子"专家看哪只股票是真的涨停板，就追哪只股票，如果第二天继续封停就不动。

窍门在哪里？不是每个人都可以掌握。窍门就是区别，哪些是真的封停，哪些是骗人的封停，这是核心竞争力。封停板有的是真的，假的就让你瘫在那里。财务专家的核心竞争力在哪里？一个企业财务情况对他来说要了解很简单。哪个公司是骗人的，哪个是"真本事"的，他能判断出来。这就是核心竞争力。

那么，你在这个市场上，是想"抬轿子"还是"坐轿子"呢？我建议大家多"坐轿子"，少"抬轿子"。"坐轿子"怎么坐呢？当你在1664点需要勇气的时候，坐上去。什么人"抬轿子"？追高的人"抬轿子"。"抬轿子"之际，也能挣，而且有些人还挣了不少。很多人卖了，再买。我不知道"坐轿子"舒服还是"抬轿子"舒服，大家觉得呢？可能还是"坐着"舒服吧。

其实说到底，每个活在这个市场上的人，都有一套属于自己的生存本领。每一位投资者都有两招，只不过有的招好使，有的招不好使而已。

可以说，国际金融危机下的投资思路，是证券投资界的一次大考试，是每位证券从事人员的大比赛，这次大考试、大比赛是在国际金融危机的状态下进行的。许多从业人员没见过这么复杂的危机，没有见过这么大的状况。

我们应该如何进行投资，这是考验一个人的应变能力、考验一个人的深厚底蕴的关键时刻。这是一个全球投资人的共同考试，而且是一次没有教科书、没有投资先例、没有任何理论指导的考试。这是在学校里都学不到的知识。

第一部分　有的人冲动，有的人沉稳

财富是如何转移的？

财富是可以再分配的，股市投资其实就是一个财富转移的过程。理财很重要，但如何理财更重要。

在市场的运作中，很多人没有考虑过市场的财富到底是怎么转移的。如果把这个问题思考清楚了，在市场的运作中，在财富转移的过程中，有一部分财富会转移到你的口袋里面。如果没有思考清楚，往往会把你的财富转移到别人的口袋里。

那么，财富是如何转移的呢？

投　机	大机构——小机构
	老股民——新股民
	庄家——散户
	高技巧者——低技巧者
	心态好者——心态坏者/有耐心者——没有耐心者
投　资	上市公司创造财富，共同富裕

以下五点讲的是投机的情况：

1. 大机构——小机构

一般来说，大机构资金雄厚，财富往往由小机构流向大机构。这个道理相信谁都懂，无须多言。

2. 老股民——新股民

一般而言，财富是由新股民向老股民转移。老股民拥有丰富的股市经验和知识，对股市的风险也有了足够的认识。当然也有老股民向新股民转移的，因为有时候老股民不敢买，会错过一波行情。

但是时间长了你会发现，老股民还是会源源不断地享受新股民的"进贡"。当新股民的时候，往往就是"交学费"比较多的时候。所以，一定要把财富路径思考清楚。

3. 庄家——散户

一般情况下，坐庄成功的话，是散户向庄家转移。坐庄失败的话，是庄家向散户转移。很多股民都想着要坐庄，以为坐庄能挣大钱，但坐庄也是非常苦的。

举例来说。日本住友，全世界的多头，挣了不少钱，却在最后一站亏了，财富源源不断地流向了散户；尼克·李森，新加坡巴林银行倒闭的始作俑者，坐庄失败，巴林银行被散户"瓜分"了。

这就是坐庄的结果。好的时候可能很好，但是万一坐庄不成功，也是很麻烦的。一方面，股票在那里自拉自唱没有人买，没有人卖，成交量全都是自己倒出来的；另一方面，没有钱又没有办法成交，陷入了一个恶性循环。

所以，不是每个坐庄的都能挣钱。我给投资者的忠告就是：千万不要坐庄。坐庄有坐庄的痛苦。对于散户来讲，则要注意自己不要被庄家消灭。

4. 高技巧者——低技巧者

这个无需多说，财富肯定是由低技巧者向高技巧者转移。低技巧者的钱被转移了，要把技巧提高，其他人才有向你"进贡"的可能。

5. 心态好者——心态坏者，有耐心者——没有耐心者

不卖不涨，卖了就涨。为什么会发生这种情况呢？这个道理非常

第一部分　有的人冲动，有的人沉稳

简单——主要是因为心态。

比如某只股票，在某个地方上下振动，振了 N 次，突破这个顶部是非常艰难的。在这种情况下，一般大多数持股人的心态是：股市到这里反弹了一次，如果再冲到这里，好像差一点就可以解套了；可是，又跌下去了，这很令人恼火，心想下次再到这个点，我就卖了；可是，等下次主力又拉到这一个点位，又舍不得卖了，心想我再等一等，再看一看，结果股价又下去了。

如此反复几轮，人的耐性到了极限，再有耐心的人，也已经被折腾坏了。如果成交的数量足够多的话，悲剧就会发生。这时的成交量接近一个比较大的换手，经过一定数量的统计，这个点位该卖的人大部分已经卖掉了，这时候股票就涨了。

可见，谁挣谁的钱？就是心态好的人挣心态坏的人的钱，有耐心的人挣没有耐心的人的钱。

还有一点讲的是投资的策略。

真正做投资，我们挣的是上市公司的钱。也就是说，上市公司创造财富，投资人与之共同富裕。

上市公司可以分为两种：一种是创造财富，一种是毁灭财富。很多人认为二者没有太多的区分，其实二者间有明显的区别。

很多上市公司从上市开始就在走向毁灭，因为他们在这个股市里面从来不分红，不创造任何回报。我们要支持的是给社会创造价值的公司，因为真正的财富创造者是上市公司。

我们投资者其实一直肩负重任，我们一定是支持为社会做贡献的公司。如果拥有了正确的投资理念，以及致力于与上市公司一起成长，你就达到了一定的境界。

此外，做投资，我们还要深刻理解国家与人民的关系。这其实就是个人利益与国家利益和集体利益的关系。看似简单，如果没理解好，很可能会导致投资的失败。

做投资一定要以国家利益为重。这是一个根本性、原则性的问题。以这点来研判 A 股市场，你研判的准确性可能会大大提高。这在中国 A 股市场具有重要的意义。

接着谈谈投资方法与社会效率。

如何投资才算比较理想，是甲赚乙？还是乙赚丙？相互比赛操作技巧，本职工作的质量又如何保证？这种思维往往会导致在 2000 点是顶还是 3000 点是顶的猜顶游戏中痛失筹码。

其实，如果换一个角度来思考问题，得出的结论也许更加符合实际。甲乙丙谁赚谁的钱，这其实是一种财富的相互转移。我认为，甲乙丙如果以投资的心态进行投资，或者投资一个成长迅速的企业，随着时间的推移，财富是会增加的。当然，进入的位置是低点的话，就会使心态更加良好。

这样，甲乙丙都非常安心地做好本职工作，整个社会的效率就有可能随之提高了。

第一部分 有的人冲动，有的人沉稳

交易的最高境界：少交易

有人问：在我没有那么多钱的时候，可以利用交易次数的增多获得更多的收益吗？

这个问题没有定式。但一般来说，资金少的人会不断交易。也就是说，钱少的时候，交易频率是非常高的；钱多的时候，交易频率会逐渐下降。因此，随着资金量逐渐增多，交易频率也逐步下降。

交易的最高境界，就是少交易。打个比较通俗的比喻，假如你是一个空仓的人，从6124点到1664点，你的市值是不变的，但是你的财富在变化——同样买一只股票，可以多买10倍，这是多么享受的事情。这类似在房子价格下跌的时候，自己是一个空仓的投资人，你距离你的梦想又近了一步。

假如你是1664点播下种子，你发现这个种子在发芽、在成长，你会感觉到真有一种生命存在。你的股票在账户里面有一个发芽、开花、长大的过程，那种内心的喜悦会让人很舒服。因此我认为，播种后不交易的那种感觉是最高境界。如果你的投资逻辑、投资思路和投资市场得到验证的话，就会感觉非常好。

交易固然是很令人快乐的事情，但是少交易时候的境界也非常令人愉悦，特别是在你的资金量大、不能短线交易的时候，这种情况是非常明显的。资金量占市场一定比例的时候，就不能进行短线交易了。有些基金在市场占的份额非常大，大到一定程度就不能进行短线交易，交易标的也会随之改变。

从总的情况来看,对于交易频率的问题要有一定的了解。关于交易频率高好还是低好,我给大家的建议是,要根据自己的情况选择,要调整好自己的心态。每个人都有心魔,最大的心魔来自自身,如果和自己的心魔做斗争,那就要不断修炼。

第一部分　有的人冲动，有的人沉稳

市场的博弈：比体力，比智力

无论对于机构投资人还是散户投资人，股票市场都是一个非常有意思的场所。参与股票市场的投资者，都希望通过买卖股票赚钱，但结果呢？必然是有赚有赔。

这就是市场博弈的结果。

在市场的博弈中，股票市场可以说是一个反映每个人积累的所有东西的比赛场所。

那么，在这个比赛场所比些什么呢？

首先，是比你的体力，也就是身体素质的博弈。

经历过2007年"5·30"的人都知道，在大家还在睡梦中的凌晨，政策宣布提高印花税，当天股市应声大跌。很多人因此抱怨，因为大部分人在第二天早上才得到消息，他们只有1个小时的思考时间，这么短的思考时间是远远不够的。其实当天凌晨一两点钟，有些人已经通过网络知道了这个消息，因此他们比别人有更充裕的时间来对市场做出思考和判断。这就是身体素质的博弈。

身体素质的博弈怎样才能取胜呢？平常要运动，把生活安排好，把身体调理好，把整个状态调整好，你的身体必然能扛住，碰到特殊情况，你要留出充足的时间，去思考下一步该怎么做。

这就是身体素质的博弈，有思考时间的人其实已经赢了一步。

其次，是比你的智力，也就是知识的博弈。

知识的博弈是在一分一毫的差异当中产生的。如果你对股票市场知识的掌握程度比别人要高一些，你就已经比别人赢了一步。而如果你对股票市场的知识一知半解，甚至一窍不通，你赢的机会就将大大减小。

我给大家讲一个现在可能是笑话的事情。早期的股民喜欢只做一个市场。比如说上海的投资人只有上海股票投资市场的账户，没有深圳股票投资市场的账户；深圳的投资人只有深圳股票投资市场的账户，没有上海股票投资市场的账户。如果上海的人只有上海股票，深圳的人只有深圳股票，起码机会就少了一半，因为对另外的市场不了解。

通俗一点说，你有 A 股市场的账户，那你有没有 B 股市场的账户？除了 B 股市场，你有没有 H 股市场的账户？如果你有 H 股市场的账户，你是否了解债券市场？除了债券市场，你知道分离债的机会吗？除了分离债，你知道货币市场、权证市场、融资融券、OTC 市场吗？如果这些东西你了解的多一些，就拓宽了自己的知识面，相比不了解这些知识的人，就多了在股票市场中胜出的机会。

股票市场处处都充满了机会，关键是你是否有足够的准备。这些机会不仅仅是 A 股市场的投资人所拥有的，也是全球的投资人共同拥有的。

假如我们的眼界和知识可以扩充一些，从上证深证拓展到中国香港，再到美国、日本、澳洲和欧洲等市场，那你就是国际投资者，而不只是 A 股投资人，你的眼界就会拓宽。假如你对这些知识有更多的了解，获利机会将会非常广阔，你投资的心态也就不一样。掌握的知识越多，对你的投资越有帮助。

这就是知识的博弈。

第一部分 有的人冲动，有的人沉稳

股市赚钱的概率：你必须考全班前 5 名

在股票市场的投资中，并不是所有的人都能赚到钱，有一个概率问题。那么，什么是股票投资的概率呢？

在股票投资过程中，比较通俗的说法是一赚二平七亏，70%的人亏钱，20%的人不亏不赚，10%的人赚钱。而在期货市场，只有2%的人才能赚钱。这是什么概念呢？这就是说，从小学到初中到高中到大学，你要保证能在班上考前 5 名，才能在股票市场上成为赢家；考第一名，你才可以站出来做期货，你才可能成为赢家。

这就是概率。当然这是一个比喻。

很多人不理解一赚二平七亏的概率。赚钱其实是很难的事情。要在股票市场赚到钱，你必须在股票市场班级考前 5 名以内，这是非常难的。

股票市场投资的门槛是很低的。很多早期进入股票市场的人（包括大户、中户、散户），甚至连键盘都不会敲。作为股票市场的投资人，很多人的误区是大部分投资人没有经过学习就入了这一行。他们认为做股票太容易了，比做任何行业容易得多。所以很多医生、工程师都在做股票。

做医生起码要进行 10 年的学习，这才有一点经验，经过 20 年的学习和工作，才可能是比较有经验的医生。一个工程师一般要经过 10 年的打磨，才可以成为成熟的工程师。试想一下，新进来的投资人让他做专业工作，比如医生、工程师，结果会怎么样？估计会很难。

香港人将资金门槛的高低作为评价标准，认为钱多的就是专业投资者。而内地股市和香港市场有很大的区别。我们只有20年股市市场的经历，很多人在别的领域积累了大量的财富才进入股票市场，没有丰富的经验，这就是A股市场的现状。

这就给了很多人一个错觉，就是我不需要考前5名，照样可以赚钱。为什么这么想呢？2006、2007年入市，钱其实非常好赚，不需要在前5名，只要你买就可以赚钱了。

但是当市场进入深度调整期，情况就变了，很多前期赚了钱的人最后血本无归。

股票市场是靠什么吸引大家进来的？简单一点说，就是获利效应。有段时间，市场非常好，大盘涨1倍，很多股票可以涨5倍，大盘涨2倍，很多股票可以涨10倍。成功的投资者比其他人的优势在什么地方？如果他有20年来积累的资金，虽然不是最多的，但是他比别人再刻苦一些，他统计数据花的时间多一点，相应地他掌握的数据也会多一些，他考试的时候排在前面的概率也会大一些。

在这个领域内，积累的经验和财富要到一定程度，才可以称为专业投资者。通过统计数据我们可以清楚地知道，看起来门槛很低的事情，其实和当医生、工程师以及其他行业一样需要专业知识。

所以，如果你想在股票市场赚钱，一定要有概率意识，换句话说，一定要树立在股票学习的班上考前5名的意识。

第一部分 有的人冲动，有的人沉稳

股票市场的生命周期

股票市场中很有意思的事情是：好多股票很长时间不动，一旦动了，一鸣惊人。当然，这其中并不是没有规律可循。

规律一：做股票的长期持有者

有的人把持有不动当做"股神"巴菲特长期投资的秘诀，其实这种观点是不正确的。巴菲特倡导的价值投资，并不是持有不动。当持有股票远超价值时，可以抛出。当股票跌到一定程度的时候，可以再买进来。但重要的是，巴菲特买股票可以等10年或者10年以上的时间，如果你有他一样的耐心，也可能会成为另一个小巴菲特。

我看好某只股票，往往要研究很长时间。非常看好的股票，研究它至少要10年的时间。从它的上市公司到几任高管的情况，如果对它的脉络有非常清晰的跟踪的话，市场一定会给你带来非常丰厚的回报。

规律二：万一做错了，一定要第一时间认错

这是股市上一条铁的纪律，也是做股票的一个非常重要的原则。

有一个客户，买了1万股某公司股票。什么价位买的？100元买的。后来从128元跌到100元的时候，问我该怎么办，我的建议是要第

一时间卖掉。但这个客户在 128 元跌到 100 元时没有卖，再到 80 元、60 元、50 元、20 元，一直到了 4 元，赔得血本无归。人的心态往往就是这样的。所以我们在实际操作的时候，一定要有一个止损的概念。

在股票市场上谈赚钱，最基本是要活着。这位客户从 120 元到 4 元，已经失去了翻本的本钱。保护本钱的第一个念头应该是"我错了怎么办？"至少要有两个选择。这只股票错了，还有很多股票，还有一个改正的机会。

那么，什么样的股票有改正的机会，什么样的股票改正的机会比较少？很简单，就是好公司给你改正错误的机会大一些，差公司给你改正错误的机会少一些。

我给大家强调的要买好股票就是这个道理。万一出现了上面那位客户的情况，当然也不排除以后改正错误的机会，但好股票给他改正错误的机会更大。这就是好股票和差股票的不同。

规律三：每个企业都有自己的生命周期

四川某公司对老股民来说刻骨铭心。它曾经的口号是扛起中国民族工业的大旗，股票涨幅非常惊人。后来，却成为套牢大多数股民的公司。当所有的人都看好这只股票，所有人都买进去，都认为不会跌，结果却跌得很惨。这就是忽视了企业的产品周期。

一个时代有一个时代的变化，工业产品的不断更替是不可避免的。大家还记得 BB 机吗？这个东西现在几乎没人挂在身上了，因为发射台都不存在了。工业企业、工业产品的变化是企业生命周期的变化。一个企业就是一个生命体。

企业是有生命周期的，开店的不都是百年老店。假如你这个企业是百年老店的话，我认为它的竞争力会领先其他企业很多。你要有非

第一部分　有的人冲动，有的人沉稳

常长远的规划，在股票市场上才可能比其他短视的人活得更长久一些。很多企业没有百年老店的追求，生命周期只有 7 年或者 6 年，这也是我们现在社会非常浮躁的重要原因。

judging买什么行业的股票，一定要清晰地察觉到企业的生命周期。每个企业都是有生命的，每只股票都是有生命的，股票市场大盘也是有生命的。对这个有感觉的人，会感觉到其生命波动的节奏。

我心中的巴菲特：价值投资的典范

一个值得尊敬的人

一提起"股神"，人们就会想到沃伦·巴菲特这个名字。人们对他的投资理念津津乐道，却始终猜不透他投资的战略战术。有人出价200多万美元和这位投资家共进午餐，只为了能得到他两个小时的"言传身教"。

巴菲特的人格非常独立。他也许不需要和任何人交流投资心得。同时，他拥有非常好的耐性，他买的那个股票可能需要等上10年的时间。10年对很多人来说是很漫长的，但对于他来说却并不意味着什么。

巴菲特自有他的聪明之处，他利用股东大会卖东西，每年有上万人听他讲课，聆听他的教诲。他就利用这个时间卖糖果、卖比亚迪汽车，全是上市公司底下的产品。巴菲特先生特别有意思，有一次他在地上捡了1美元，虽然他自己也觉得不好意思，但他却说："这是下一个10亿美元的开始。"

他被美国人称为"除了父亲之外最值得尊敬的男人"。巴菲特曾在2006年宣布，将逐渐捐赠他名下99%的财富。巴菲特的子女将继承他的部分财产，但比例并不会太高。巴菲特过去曾经一再表示，不愿意让大量财富代代相传。他说："我想给子女的，是足以让他们能够一展

第一部分　有的人冲动，有的人沉稳

抱负，而不是多到让他们最后一事无成。"

从2006年开始，巴菲特着手把大笔资产捐赠给慈善机构。他捐献给比尔及梅琳达·盖茨基金会的股票合计市值大约370亿美元。其他股票则赠予以巴菲特已故前妻名义创立的苏珊·汤普森·巴菲特基金会和以他的三个孩子霍华德、彼得和苏珊名义分别创立的慈善基金会。在他的带动下，美国有很多亿万富翁承诺将自己至少一半的财产捐献出来，用于慈善事业。

他曾经说过一句话：如果市场下跌，就会比以前更有吸引力。他说是内心真实的想法。为什么？因为他的功利性非常弱，他是一个正直的人，不说谎话。

巴菲特图什么？钱对他来说只是一个符号。当财政部部长，对他来说有意义吗？他认为那是年轻人做的事情，不是80岁的人需要做的事情。财政部部长有高薪，但对他来说没有必要，没有什么可以诱惑他。

他的思想和全世界大部分人的思想是不一样的。他的境界是什么呢？他挣钱不是为自己，是为社会、为慈善机构挣钱，所以才有这个境界。巴菲特的房子甚至不如很多普通人的房子，他没有挥霍他赚取的任何东西，他只是把世界上的财富管理了一下，又还回去了。他是一个值得尊敬的人，也只有这样的人才配拥有这么多的财富，世界是公平的。

巴菲特的价值投资理念

在美国的投资史上，巴菲特的地位始终无人可以撼动。他白手起家，从分析和投资股票做起，最终集腋成裘，积累了大量财富。他涉足投资业超过60年，足以证明他致富绝非靠的是一朝一夕的运气。

熟知巴菲特的人总将其称为"习惯的产物"。由于习惯的力量，巴菲特能每天工作9个小时，然后回家吃一顿简简单单的饭——通常就是一个汉堡包或者一道猪扒。巴菲特的老友比尔·盖茨曾经这样评价他："你知道沃伦每天吃同样的东西都不会腻，这是他的本事。"

巴菲特管理着非常庞大的金融帝国，然而，这么庞大的金融帝国只用了7个半人来运作。半个人指的是请的一个财务人员，只做半天工作。这么精简的管理机构，足见这位"股神"在公司管理上也是一位顶尖高手。

作为"价值投资"的典范，巴菲特个人投资组合的换手率非常低，且选中的公司大多有百年的历史，其中最"年轻"的企业是创立于20世纪中叶的零售公司——沃尔玛。行业分布上，巴菲特更青睐传统行业，个人投资中几乎从未出现过时尚、电信、计算机、互联网、生物科学等发展迅速的新兴行业。以至于有分析人士称，巴菲特更像是股市中的人类学家——"越古老的事物越能引起他的兴趣"。

巴菲特在2009年对投资组合进行了有史以来的最大幅度调整，不仅大幅增持富国银行股票，还将沃尔玛和埃克森美孚纳入持股名单，同时清空了此前持有的美国联合能源公司全部股票。目前在巴菲特个人投资组合中，富国银行成为其头号重仓股，占比率几乎达到四分之一。

巴菲特是有史以来最伟大的投资家，他依靠股票、外汇的投资，成为世界上数一数二的富翁。他倡导的价值投资理论风靡世界。巴菲特的投资理论归结起来就是：在最低价格时买进股票，然后就耐心等待。

巴菲特多年以来不想公布自己的持股。巴菲特也要求他的太太，不准问他买了什么东西。由于他挣了太多的钱，美国国会说一定要把他持有的股票公布出来，巴菲特于是决定每年在股东大会上公布一次。

他说:"平常你不可以问我,如果你问我,会干扰我的思维。"

几十年来,巴菲特一直崇尚的是价值投资。其投资理念的精华,归结起来有三句话:

一是不要贪婪。1969年整个华尔街进入了投机的疯狂阶段,面对连创新高的股市,巴菲特却把手中股票非常冷静地悉数全抛。

二是不要跟风。2000年,全世界股市出现了所谓的网络概念股,巴菲特却称自己不懂高科技,没法投资。一年后全球出现了高科技网络股股灾。

三是不要投机。巴菲特的一句口头禅是:拥有一只股票,期待它下个早晨就上涨是十分愚蠢的。

金融危机让他把钱花出去了

巴菲特一生当中只有三次花大钱的机会。他最担心的事是股票价格太贵了,在有生之年不能把钱花出去。巴菲特真正花钱的三次,一次是1973年,一次是1982年,还有一次就是2008年。

2008年股市的下跌对于巴菲特来说,千载难逢。因为他终于在有生之年第三次把他的钱花出去了。这一年,他大把地买股票,比如高盛公司、GE公司、比亚迪公司。当时8港元的比亚迪股票,少有人问津,他可以把钱尽量花出去。

在这场百年一遇的国际金融危机中,大部分投资者损失惨重,很多富豪身价大为缩水,不过,也有人躲过了这场灾难,"股神"巴菲特就是其中之一。这得益于这位投资家对风险的洞察和防范能力。

巴菲特凭借敏锐的洞察力,早就发现了次贷的灾难性后果。2003年巴菲特就清除了所有与次级债有关的金融产品。正是这种对风险一贯的防范意识,使得巴菲特躲过了一次次灾难。他从来不存侥幸心理,只投资可靠而稳健的公司。

我们知道，巴菲特的伯克希尔·哈撒维公司50年来投资了许多公司股票，也包括很多金融公司。但是，受次贷危机冲击的公司如雷曼兄弟、AIG等，巴菲特均没有投资，而他重仓持有的美国富国银行，是这次危机中影响最小的美国银行，他还出手收购美联银行。巴菲特的眼光的确令人钦佩。

如果没有合适的投资目标，巴菲特情愿持有现金。当股价大幅下跌、投资价值显现的时候，巴菲特就毫不犹豫地出手了。他出资50亿美元购买高盛优先股，出资30亿美元购买通用电气优先股，出资2.3亿美元购买中国比亚迪10%的股份。巴菲特的亿万资产以及其拥有的良好投资声誉，让他有机会向高盛和通用电气提供巨额贷款，坐享10%的年度回报。

巴菲特成为国际金融危机中股票投资市场上最活跃的投资者，他给危机中的人们以信心，以至于美国两位总统候选人都表示要请巴菲特当财长。

在2008年国际金融危机时，巴菲特频频出来表态，说股市已经比较适合投资，而且以身作则，动手买入"优先股"。他也曾因此遭到市场的怀疑。的确，巴菲特在国际金融危机中表现出了一些"爱国沙文主义"的态度。不过在市场最低迷的时候，经济巨头出来讲话，也是美国的传统。以往发生重大危机的时候，老摩根就曾经有这样的表态。

在这场国际金融危机中，很少有人能像巴菲特那样巧妙利用这场危机。巴菲特先是建议美国政府拯救全美金融业，并公开敦促美国人在市场低迷时购买股票，然后他就大举扑进了市场。巴菲特巧妙布局，使得自己在混乱的市场以及被纳税人救助的公司中照赚不误，从而续写了他作为有史以来最伟大投资者之一的传奇。

我们再来学习巴菲特怎么看中石油，怎样在中石油上投资获利

第一部分 有的人冲动，有的人沉稳

成功。

2002—2003年，巴菲特投资5亿美元买入中石油23.39亿股，到2007年持有5年，盈利35亿美元，增值8倍。他买的时候人们认为这家公司值1000亿美元，但当时市值只有350亿美元，他卖的时候市值已经是3000亿美元。

大家注意，巴菲特曾说市场如果下跌，它就比以前更有吸引力。判断一个投资者是否是真正价值投资者的标准很简单，就是看他在股市高潮的时候是否选择了抛出股票，在股市低潮的时候是否选择了买入股票。秉承价值投资的投资者，自然会在股市疯狂的时候撤出，而在市场低迷的时候重新进入。

"超人"李嘉诚：稳健中求发展

李嘉诚有一个座右铭：稳健中求发展，发展中不忘稳健。

李嘉诚说："为什么我可以保证拥有今天的成功？因为我做事的原则是，我要过一条河的时候，我要等体重比我重一倍的人过去，然后我再过去。"

这说明他是比较稳健的。他看见没有人掉下河去，他再过去，虽然时间有点晚，但可以获得成功。

事业上的成功

巴菲特有 70 年的股市投资经验，李嘉诚应该有 60 年以上，股票市场是什么，在李嘉诚心里面再清楚不过了。美林证券专门研究李嘉诚什么时候出手增持、减持他的股票，每增减持一次都要进行一次研究。

李嘉诚在 2009 年 4 月份的时候说："我判断香港的市场，有两个底部。"同时李嘉诚对香港楼市的走势抱有信心。他说："如果现在口袋有钱。买楼买股票都可以。"意思是说，不要借钱，买楼买股票都是可以的。这是李嘉诚给我们的建议。

李嘉诚在 2007 年特别告诫内地投资人买股票要量力而为。而在 2009 年初李嘉诚说："可以买一点股票和房子了。"

第一部分　有的人冲动，有的人沉稳

这表现了李嘉诚具有商业头脑，同时也具有准确的周期节奏。商业是以商业方式来运作，言论里面还具有比较强烈的帮助大众的愿望。我可以感觉到这一点，这也是我非常欣赏李嘉诚先生的原因。

我建议大家多向李嘉诚先生学习。他有非常高的智慧。李嘉诚看人的本领是什么？他小时候做过茶童。茶楼有各式各样的人，他去斟茶的时候观察每个喝茶的人，从打扮、言行相貌、谈吐等方面，判断出这是一个什么样的人，是什么状态，有多少钱等等。茶童的工作丰富了他很多的经验。

任何成功都不是平白无故获得的。很多成功的人都是从非常低微的工作中起步的。只要努力都可能成功，只是成功的程度和你的努力、自身的素质有很大关系。

教育上的成功

李嘉诚除了事业非常成功外，教育也是成功的。这也是我最佩服的一点。事业如此成功，又有两个这么厉害的儿子，很多富豪们都比不过。

我认为，一个人真正的成功不是挣钱，而是能不能培养一个合格的继承人。这是一个非常重要的问题。李嘉诚做到了。

第二部分

判断大势的风向标

在股票市场上,有四个风向标:上市公司买卖股票的时机、中石油、汇金公司、社保基金。

股市的四大风向标

在股票投资市场上，有四个风向标值得我们重点关注。

第一个风向标：上市公司买卖股票的时机

股市有两个长盛不衰的话题，即：什么时候开始买股票？什么时候开始卖股票？

一般来说，上市公司卖股票的时候，就是股价涨到它比较满意的时候，这个时候就是卖股票的时候；当上市公司买股票的时候，就是股价跌到它比较满意的时候，这个时候就是开始买股票的时候。

作为股票市场的一个风向标，这也是我判断1664点需要勇气的指标之一。1664点附近，上市公司大量增持股票，这个时候播下的种子可以给我们带来非常丰厚的回报。虽然当时面临百年一遇的国际金融危机，但危机就是机会，这个时候我们需要一点勇气，把握住买卖股票的时机。

第二个风向标：中石油

我把中石油作为一个风向标。

中石油的实力是有目共睹的。2008年，中石油在美国《石油情报周刊》世界50家大石油公司综合排名中居第5位，在美国《财富》杂志2008年世界500强公司排名中居第25位。2010年5月30日，根据英国《金融时报》研究机构的报告显示，中石油市值达到3293亿美元（截至2010年3月31日），位居全球500强企业榜首，成为全球市值最大的企业。

中石油在上市伊始，达到48.6元的高位。而在1664点的时候，中石油开始增持。可见，中石油的行动成为判断股票市场的一个重要风向标。

第三个风向标：汇金公司

中央汇金投资有限责任公司（简称汇金公司）是国内著名的投资公司之一，直接控股参股金融机构包括大型银行、证券公司、综合性机构和再保险公司等。国外通常称呼为投行，比如著名的摩根大通、高盛、美林证券等等。汇金公司也和它们一样是极具知名度的投资公司。

汇金公司的出手是市场稳定的重要条件。由于国务院国资委不负责管理金融类国有资产，所以汇金公司被认为是"金融国资委"。这个重量级公司一出手，我判断是市场底部的可能性大大增加了。

从汇金公司的投资记录来看，近年高额注资国有大型银行的行动，取得巨额的账面收益，汇金公司的辉煌投资记录可能相当一段时间内很难被打破，所以我们并不需要怀疑其投资能力及操作水平。再从汇金公司出手在二级市场中增持三大银行的行动来分析，这些都使它成为两市无可争议的风向标。

第四个风向标：社保基金

社保基金是股市的"超级风向标"，一定要特别重视。

我多次强调，不可忽视社保基金入市这个信号。政策的影响不可忽视，社保基金的入市，对市场可能会起到关键的作用。因为这部分资金入市的区域，有可能是一个低位区域。从历史的角度来看，社保基金之前还没有失手过。

由于社保基金对于政策的把握能力比较强，因此这部分资金的入市，对市场信心的恢复是有正面作用的。通常社保资金选择的是一个区域，而不是一个时点，随着资金规模的增大，其作用也会日益明显。

我的观点是，当社保基金退出的时候，就可能是市场的顶部了。6124点的时候，社保基金在悄然反退，很多人看好8000点、10000点，他们忽视了市场的信号，很多有名的投资人以及股市英雄全军覆没。而在1664点后，社保基金又重新进入，增持数目已达百亿元，以其身份的特殊性和政策动向的把握能力来看，把它作为一个重要信号并不为过。

把眼光更多地放在其他市场

研究股票投资市场的走势,除了要密切观察 A 股市场之外,还要把眼光更多地放在其他市场,包括货币市场、资源市场、重要商品市场(比如原油及粮食)等等。

事实上,股票市场和货币市场、资源市场、重要商品市场之间有很大的关联。每个国家、每个领域的市场,都有各自不同的特点和走势。我们多观察一些其他国家和领域市场的信息,会比观察单个市场获得的信息量更多一些,对我们的投资思路会有更多的借鉴作用,同时对我们投资 A 股市场也会有很好的警示意义。

货币市场

我们研判市场,除了看股票市场之外,还要看一个更大的市场——货币市场。与股票市场的成交量相比,货币市场的成交量要大很多。

我们重点谈一下港币。港币的波动对我国内地股市的影响非常大,港币的走向会对股市的走势产生非常明显的影响。港币直接关系到 H 股、A 股,是非常重要的联动参考指标。

汇率制度的波动范围很窄,上方和下方通过卖出或者买进美元来维持汇率的稳定。从美元对港币波动的情况可以看出,什么时候需要美元,什么时候需要港币;哪些地方香港政府卖出港币,买进美元,哪些地方是相反的。

就港币来说，从 2010 年的态势来看，已经到了量非常大的状态。也就是说，到了强下方兑换的区域。这说明，香港这阶段的资金非常充裕，对香港的股票和房地产市场会产生很大影响。

资源市场

澳元在 2008 年国际金融危机之前，是非常便宜的，因为澳洲的资源非常便宜。澳洲的特点是资源丰富，作为重要的资源和农产品出口国，澳洲市场的投资价值日益显现。

与中国的股票市场相比，澳洲股票市场资源股的价格很便宜，而我们的有色金属股票价格相对较贵。

但是资源总会有用完的那天。外汇储备多一些实物和股权的形式，可能更加有利，其他重要的资源也应该加以重视。

重要商品价格走势

重要商品价格的走势，对股票市场的影响也是非常大的。尤其是原油价格和粮食价格，对全球股票市场的意义更大。

首先来看原油价格走势。原油被称为"黑金"，属于大宗商品期货中的代表，所以在某种情况下也有全球经济晴雨表的作用。一般来说，原油价格上涨，股市中相关品种也会跟着涨。如果经济处于困境，许多热钱会去购买美元以求得安身，因为从全世界范围来看，美元仍是世界最重要的安全储备币种。美元和原油的价格一般是反向关系。但原油价格上涨和下跌的过程，往往是不对称的。也就是说，价格上扬的过程往往用很长的时间，但从高位摔下来往往只用非常短的时间。

原油价格的走势影响股票市场。

再来看粮食价格走势。食品在居民消费物价指数中所占权重比较大。一方面，对于粮食等农产品价格变化趋势需要高度重视，严防农产品价格上涨所带来的通胀风险；同时，粮食价格变化将进一步影响相应上市公司的业绩变化，从而对股市产生影响。

商品价格会因为货币的增加而上升。粮食虽然会为投机的人带来利润，但粮价如果太高的话，会将缺乏粮食的人置于不利的生存地位。

在一些非常贫穷的国家，曾经发生过无数令人辛酸的事情。西方有一位摄影师，在获得美国新闻界的最高奖之后仅几个月就自杀了。他自杀的直接原因就是他的获奖照片。照片上，一个苏丹的小孩正在艰难地爬向联合国粮食救济处，沿途被一只贪婪的秃鹫死死地盯着，小孩看上去已经快饿死，而秃鹫正在等待着那一刻，期待着美餐。

这张照片引起了世界对非洲贫困问题的重视。这个问题是粮价上涨与地球上仍然有人没有食物的人道主义之间的问题，是值得我们思考的一个问题。了解了这些，下次点菜的时候，希望不要再浪费，要知道，这个世界上还有很多缺乏粮食的人。

第二部分　判断大势的风向标

政策动向需要引起高度关注

政策方面的动向是我们研判股票市场非常重要的参考。我们可以用非常显而易见的例子来说明。

重大政策出台的动向

重大政策出台的动向是非常需要我们关注的。在2008年国际金融危机发生后，美国的奥巴马和布兰克费恩保证美国不会过快地退出刺激经济体。而中国政府多次强调，要坚定不移地实施积极的财政政策和适度宽松的货币政策。

中国在国际金融危机最严重时，在全球率先推出一系列政策，成功地让中国走出危机，从而成为股市转势的风向标。

关注关键言论

我们一定要学习《人民日报》、新华社的社论，这些给我们指明了正确的方向。当前我国处于何种时期，需要实施怎样的经济政策，并根据国外经济的走势和物价变化进行动态微调。把这些政策了解清楚了，心里就有底了。

一定要站在国家高度上看问题

我们如果站在国家高度去理解,就会很清楚。你要看到的不仅仅是你,还有整个国家的利益。当和国家利益联系到一起时,你的力量就会非常强大。

第二部分 判断大势的风向标

估值水平偏高预示摘"熟苹果"

观察股票的估值水平非常重要

我们在对上市公司进行研究时,经常听到"估值"这个词。简言之,所谓"估值"是指如何来判断一家公司的价值,同时与它的当前股价进行对比,得出股价是否偏离价值的判断,进而指导我们的投资。

然而,股票的价格总是围绕着股票的内在价值上下波动。我们对股票进行估值,目的就是发现价格被低估的股票,在股票的价格远远低于内在价值的时候买入股票,而在股票的价格回归到内在价值甚至高于内在价值的时候卖出以获利。

股票估值是一个相对复杂的过程,影响的因素有很多。

对股票进行估值,可以帮助投资者发现价值被严重低估的股票,买入待涨获利,直接带来经济利益;也可以帮助投资者判断手中的股票是否被高估或低估,以作出卖出或继续持有的决定,帮助投资者锁定盈利或坚定持有以获得更高收益的决心。

估值水平大大偏离常态时要警惕

2000年至2001年,我提出"摘荔枝"。大家知道,2000年后股价

李大霄投资战略（第三版）

渐渐上涨，股指也达到 2245 点，所以，当时股市高涨、一片乐观，人们热血沸腾纷纷购买股票，我提出了"摘荔枝"，原因就在这里。

2007 年，我又建议大家把握时机摘"熟苹果"。为什么呢？因为经过两年的牛市，大盘从 998 点一路向上冲破 6000 点，很多投资者已经取得丰硕的成果，在市场呈现高估值高风险的态势下，收获的时机已经成熟了。这就是为什么我建议大家摘"熟苹果"的原因。

[备注：荔枝和苹果的区别：荔枝熟了必须马上要摘，要不然就烂在树上了；苹果的成熟期较长可以慢慢摘（2000 年提出"摘荔枝"意味着股市泡沫马上将会破灭，2007 年中期提出摘"熟苹果"意味着股市泡沫逐渐形成，但不会马上破灭，可以慢慢收获，最终泡沫于 2007 年 10 月份破灭）。另外苹果较荔枝大，意味着 2007 年的牛市比 2000 年大]

所以，估值水平和股价高低不总是一致的。这一点也是我们在进行投资的时候要特别注意的。

第二部分　判断大势的风向标

碰到重大历史事件：要有提前量

很多股民关心的一个问题是：股票市场碰到重大历史事件时该如何操作呢？

我给大家举个例子。2008年有一个重大历史事件，就是奥运会。认为股市在奥运期间涨的人很多。但是，我在奥运会前一年就认为：没有奥运行情，一定要有提前量，提前量最好是8~12个月，最晚也要提前半年。

奥运会之前，我曾经做过一个调查。调查结果是：奥运会期间，有1%的人准备买股票，99%的人准备卖股票。许多人认为奥运会期间会涨，决定在奥运会期间套现。

但是，事实并非如此。

打一个形象的比喻：很多人想在奥运会的时候捕蝉，没有想到收网的人已经提前准备了8~12个月，想在奥运会期间挣钱的人将被一网打尽，这是当时我为什么判断奥运没有行情的原因。

历史事件和股票市场是不一样的，这就是重大历史事件和股票市场不要联系在一起的原因。需要说明的是，我所说的要有提前量，并不是建议大家利用别人的爱国热情挣钱。我只是说，股票市场和历史事件的走势有不一样的地方。

股市如战场。在这个"战场"上，那些夸夸其谈、没有实战经验的人，一个个倒下了。在很多情况下，股票市场并不是我们在书本上看到的那些东西。

　　股票市场是什么场所？股票市场就是"修理"自以为是的人的最好场所，股票市场是"修理"书呆子的最好场所，股票市场是"修理"光有理论没有实战经验的人的最好场所。下次你们碰到类似奥运会的重大历史事件，就要非常小心。

　　我的建议就是：以后碰到重大历史事件的时候，一定要有提前量。

第二部分　判断大势的风向标

谈谈 B 股

我一直认为，B 股有很大的投资机会。

B 股有深圳和上海两个市场，深圳市场用港币交易，上海市场用美元。你想买深圳市场的，就换港币；想买上海市场的，就换美元。

先要开一个账户。

我们来研究一下。

国内居民 B 股开户有障碍么？没有。就在你所在的开户营业部就行。

人民币兑换的趋势明确么？明确。

我们缺乏外汇么？不缺。我们拥有丰富的外汇储备。我也在各个场合建议，要藏汇于民。

A 股市场的国际化步伐在渐行渐近，提前一步进入 B 股，就可以领先其他人多年。既可以避免高估值的风险，又享受了经济发展的成果，更加不惧任何融资压力。当然读者是自己承担风险和收益，要自己来做决定。

不过，在有 A 股也同时有 B 股的股票中，如果 A 股都敢买就没有逻辑不敢买相同股票中的 B 股，同样的金钱如果买进更多的股数就可以获得多的分红。事情往往就是这样，在大家都知道好时，就要付出更加高的成本了。如果确实想买，要先选择股票，股票重于市场，要注意金字塔法则。

B股的投资要点是：第一，要有坚强的信念，要具备长期抗战的思想准备。如果没有长期计划的读者要三思，因为购买B股绝对不是短期计划，所以应该是有长期计划的资金。第二，要选择超值公司，对该公司的分红、成长性要重视，如果觉得同一只股票买A股都超值就更加理想。但是逆周期的投资需要时间。

要注意的要点是：A股股东投资者和B股股东投资者结构，A股市场和B股市场中，投资和投机的市场规律，高价股和低价股的投资规律、投资周期、投资理念等等，都不相同。

汇兑损失是一个要考虑的因素，但是有两个方面的对冲风险：其一是外币计价之人民币资产。其二是价差足够大的话，看能不能补偿汇兑损失。

关于B股和封基的机会比较，也是很有意思的问题，封基是赚封基与A股的折价，而B股是赚A股与B股之间的折价。

关于读者提出的A股、H股之间的关系，确实有比较大的差距，二者将是一个相互融合的趋势。H股的机会也非常大。

1664点播下好种子，就可以踏着舞步去上班了，上班的效率也会提高。重要的事情是不要因为恐惧而丢失了宝藏。一直建议不要过早把种子挖出就是此意。

这是个人之观点，仅供有缘者参考。

第三部分

有时需淡泊,有时需勇气

6124点需淡泊,1664点需勇气,3000点需坚持。

第三部分　有时需淡泊，有时需勇气

讲与听
——3000点需要坚持

如何听？会不会听？怎么听？是否真的听别人所说的？其实是听自己说？

说的人有的一味说"牛话"，让别人永远听到"牛话"而忽视了风险；有些人一味说"熊话"，让别人永远听到"熊话"以至于永远买不起房子、永远不敢买股票。有的人来真的，也有的人来假的。有的人用10秒钟吸引眼球，因为这是快餐时代，而真心愿意帮助别人的可能被认为是别有用心。虽然不是全部，但这是市场部分浮躁的现状。

先要对"说"的人研究一下

讲者第一层次是吸引眼球，第二层次是证明自己是对的。我认为，如果从对听者有利的出发点去讲，要比"证明自己对"更有益于听众。可以用10年的时间检验一下，10年足以了解一个人。而这样做的话，只有少数有毅力有恒心的有缘者才可相遇。但也不能用太长的时间，按工作时间50年计算，一个人成熟需要20年，有效时间是30年，如用10年的时间观察，有效利用时间20年。如果用20年以上的时间观察，有效利用时间就比较短了。还有一个办法，用观察时间倒推法也可以缩短一些时间，但没有经过时间的检验就相信则太轻率了，因为信息量太多。讲者众多，极难挑选，选择最热最火的来听最轻松，可惜往往不一定正确。

再对"听"的人研究一下

有些人牛市时听，熊市时不听，自然听到的大都是"牛话"。如果真想听的话，要对讲者前 10 年说的话一起听，就能够听出一点东西来，但愿意这样做的人很少。有的人选"牛话"听，有的人选"熊话"听，自然听到的是自己想听到的话。所以，听别人话的人要分析自己，到底我是想听别人的观点，还是只听自己的观点？有的人 1664 点时听，但不相信，到 3478 点相信了，结果还是觉得说的人错了；有的人 1664 点时选择不听，但 3478 点听了，结果还是说的人"罪过"了。重要的是，1664 点时媒体不会报道牛市到了，但 3478 点就会，听众接受到牛市信息量要比 1664 点时强烈。

当然，听明白之后，还要自己决定。最终，还是听自己的。我主要说明的是，要区分是原来就想听自己的，还是听了之后听自己的，这非常重要。

这是一次融冰之旅

我坚信，国际金融危机时播下的好种子会带来非常丰厚的回报。从 1664 点开始，中国证券市场渐渐完成全流通之后，将步入成熟的初级阶段，全社会资源会源源不断地注入到上市公司中，中国的众多优秀企业在国际金融危机后会慢慢成长为国际性大公司，好苗子会慢慢成长为参天大树。伴随着这个过程，处于第二大经济体位置的中国也有可能渐渐缩小与第一的差距。

第三部分　有时需淡泊，有时需勇气

但是，只有坚定地抱牢好股票的投资人才有资格享受这场盛宴。只有具备勇气的、坚韧不拔的投资者才有资格享受全场盛宴，任何幻想波段操作的高手、不具备勇气者、八面玲珑见风使舵者、不具备泰山压顶不弯腰的特质者除外。参加革命可有先有后，但先参加革命者就更加需要坚持。我们要感恩我们的祖国，感恩这个时代给我们带来的机遇。

相对而言，1664点以来，抱牢好股票及好房产者，要比抱牢现金及债券者受益大些。

3000点需要坚持

买股票成本越低越好，但一般投资者的习惯是越高越买，这是还没有交够学费者的通病。一般来说，超过3000点后，看好股市的观点会大量增加，越往上涨越多人看好。如果谁能够理解这个现状及掌握低成本投资的原则，谁就会非常成功。1664点时，投资机会比较大，可谓百年不遇，这就是我为什么这样重视1664点的原因，下次再遇到同等级别的危机，需要时间就比较长了。3000点不需要勇气，3000点需要的是坚持。当然，3000点并不是不能投资，不过投资机会比1664点少。3000点才进行投资并不是最高境界，投资品种选择要更加严格，投资周期要更加长些。在以后更高的点位投资的难度就会越来越大，虽然届时会有越来越多人认为大机会降临了。

加息了，利空楼市与股市，但并不会改变市场方向，只会增加3000点震荡的时间，3000点需要时间。

警惕"舆论一边倒"

股市中的"群体效应"

对于股票市场而言，投资者到营业部操作和在家里操作，心态是完全不同的；散户式的操作和大户式的操作，心态也是完全不同的。这是因为你所处的环境和操作时候的心态有非常大的差异。这里有"群体效应"。

如果你在一个地方操作赢的概率大，下一次可能还选择在那个地方操作；在一个地方老是亏钱，下一次换一个地方，可能会好一点。道理在哪里？不同的环境，你的心态是不一样的。

在销售市场上，我们常常看到、听到有些商家为了促进销售，找一些托儿去排队。一大群人围过来，即使是存货也可能销售出去，这种销售方法看似很简单，其实和上面的道理是一样的。

比如说，当你开车去吃饭，路过两个饭店，你是选择停车多的饭店，还是选择停车少的饭店？你在大街上买东西，你是选择很多人去的那个商场买，还是选择没有人去的商场买？答案显而易见。

再比如说，假如你到一个地方，有一个人说要爆炸了，万人的场所顿时混乱，很多人不会辨别爆炸的声音是真还是假，第一时间想着要逃生。人在这种情况下的表现是难以想象的，悲剧往往就在这样的

第三部分　有时需淡泊，有时需勇气

情况下发生。

群体心态就是这样。这些心态和炒股的心态是一样的。

舆论"一边倒"的时候更要警惕

回到股票市场。当舆论"一边倒"的时候，就是我们需要加倍注意的时候。

在998点的时候，看空的人也是"一边倒"。原证监会主席尚福林有一句非常著名的话"开弓没有回头箭"，我认为这句话应该载入证券市场的史册。

当时我认为大牛市要来了，这是播种的地方。不过，看低到六七百点的也大有人在，悲观的人居多。悲观到了一定的程度，就会出现转折。1664点也是同样的道理。

6124点的时候，我感觉到危险要出现了。当所有人都对股票狂热的时候，也许牛市就走到了尽头；当所有人都对股票没有兴趣的时候，熊市就结束了。冬天来临的时候，要备足粮草，安全过冬。

举例来说。中石油上市前，全国的媒体都在说中石油是亚洲最赚钱的公司，将会给国内的投资人带来多少的回报。在上市的当天，记者问中石油的负责人："你对中石油的股价满意吗？"对方回答说："我非常满意。"注意，"非常满意"是什么概念？就是说，股价已经远远超出了其预期。

中石油上市的第一天，我提出一个观点，上市初期要远离中石油。中石油案例给股市上了非常生动的一课。

因此，得出的结论就是：当舆论"一边倒"的情况出现之后，事情往往朝相反的方向转化。

要承受住不被认同的孤独

投资就是一场比赛。证券市场的投资者中,有的性本善,有的性本恶,有的浮躁,有的淡泊,有大勇,有大怯,有盲从,有大智,证券投资不就是这些品质的比赛么?

人性的特点有两种。一种是出于安全的需要,例如群居与从众;一种是出于情感的需要,例如交流与认同。

安全的需要:群居与从众

人是群居的动物,孤单的时候就会感觉很不安全。

生活中可以找到很多这样的例子。

你可以想象一下,假如你住的别墅方圆百里都是荒原,你就可能认为你住的不是别墅了,而是一个孤单的房子。假如教室里只有你一个人在听讲师讲课,你会觉得很孤单。假如你作业的答案和老师、同学的答案不一样的时候,你会感觉很孤单,你会怀疑你答案的正确性,假如你的答案和其他同学答案是一致的,尽管分数还没有出来,你心里却觉得踏实了。

再比如说,假设你的单位有 1000 个人,当 999 个人的意见往东,而你的意见往西的时候,你会感觉很孤单,而且你有可能不是一个受大家欢迎的人,在一个群体里面不被欢迎是压力很大的。

第三部分　有时需淡泊，有时需勇气

无论是在现实生活中，还是在股票市场中，人们大部分是趋同的，因为趋同安全，趋同不会被领导批评，趋同可能会成为领导喜欢的人，趋同不会被穿小鞋。

大伙被训练得一致，股票市场就会出现群体性的行为。你能不能超越这一点，这是你能否成功的重要突破。在股票市场上如果你不能做到的话，成功的概率是非常低的，大部分的财富其实就是这样消失的。如果在股票市场中谁能够克服从众的心态，距离成功就近了一步。

巴菲特在股票市场中是特立独行的。现实生活中他如果应聘的话，大概没有任何一个商业机构会用他。这就是巴菲特，这就是我崇拜他的一个原因。因为他在现实生活中和股票市场的做法是一致的，这一点是非常难学的。在这个过程中，你会不断受到挫折，不断受到很多因素的制约，如果在股票市场上你可以做到一点点的话，成功的大门是向你敞开的。

情感的需要：交流与认同

交流和认同是人的情感非常重要的一个方面。人是需要交流的动物，人是需要被认同的动物。如果在一个单位里面，你的观点没有人认同，你就会感觉到很孤单，好像被抛弃了。

人被认同的需要是情感的需求。下一次你和周围的人吃饭的时候，你可以去调查一下：你们买股票了没有？或者你们的仓位怎样？10个人中假如有9到10个人买了，那么你最好把它卖掉，一般来说这样做也许是对的。假如你问你周围的10个人，你们现在怎么样？结果他们都不买股票了，这个时候你最好悄悄买一点。

买股票不要试图说服别人。如果夫妻双方都买股票，最好两个人的账户能分开，买卖不要告诉对方，不要争论，也不要讨论；或者一方为主，另一方观棋，只不过观棋不语者才是真君子。买卖股票永远会有分歧，而且一讨论，一争论，你的思路就完全乱了。不要给对方的操作造成任何影响，这是成功非常关键的一点。夫妻是同心的，买股票可以不要同心。道理在什么地方呢？我们中国有上亿股民，这么多股民肯定有看多的有看空的，所以才有成交。

我认识一对夫妇，这对夫妇就住在一个小镇上，年纪非常大，夫妻两个人共用一个账户，妻子说卖掉，丈夫要买入，最后全都赔进去了。这就像一场战役只能有一个司令，如果出现两个司令的话，成功的概率就变得很小了。这和大家的感情没有任何关系。两个司令不能互相干扰，他要放空，你就让他空，如果空了，他会及时调整过来；他看多也可以，他也可能慢慢调整过来，如果你对他造成干扰的话，就很可能做不好。

如何保持独立性，如何承受不被认同的孤独，这一点是成功的关键因素。这是我的一点经验和体会。

第三部分　有时需淡泊，有时需勇气

在股市里投资要经得住折腾

人性的弱点表现在，当一个人经不起折腾的时候，会放弃之前坚持的一些东西。耐心、抗压能力、坚持程度和每个人的毅力有很大的关系。

在股票市场中，什么时候最容易放弃？是经过漫长的下跌，再偶然有一点点上涨的时候。

举个例子。一只股票见顶，接着经过漫长的下跌，最难坚持的不是在下跌的过程中，而是在下跌的过程中开始上扬的时候，很多人选择了放弃。

大家有没有体会过这种心态：在经过了10年的煎熬，现在有了一点起色，这时候是最容易投降的。这是因为，经过长时间煎熬，会让人心理崩溃，此外还有利益的诱惑。

假如你手中持有的一只股票，经过了一年的振荡之后，在这个地方老是不涨，心里就会很难受。别人的都涨，自己的不动，挣了很多指数，但是却不挣钱。这时候投资者作出的选择往往是，卖掉这只股票再换其他的股票。但是在你等的时候股票不动，你刚卖掉就涨了，乌龟变成了兔子。这反映出股市中人的一种典型心理：人的耐心到了一定的极限之后，利益的诱惑，使他交出了手中的筹码。

股票投资是高风险的追求，而高风险的投资者最缺乏的就是耐性。这是非常明确的一个推理，也是股市上一种非常常见的行为。拥有财富的初级阶段投资者，普遍都有这样的特点。

在财富的初级阶段里，如何拥有一些尊贵的品质，这是你成功的重要因素。尊贵来自哪里？首先来自耐心。耐心是一个股票投资人、高风险追求者的必修课程，这个课程没有达标的话，财富之门还未开启；当你拥有了这个特质，财富大门才向你敞开。

第三部分　有时需淡泊，有时需勇气

股票市场的墨菲定律

股市中，要学会熬。巴菲特和芒格先生熬了六七十年，他们都拥有很多的财富。极其富有的人都是经过一段时间的磨砺的。

其实当一个人有了经验之后，在很多领域可以成功。这些经验的积累将是毕生的财富。如果你具有足够的眼光以及知识沉淀，就可以挣很多钱。

巴菲特有句话，"在别人恐惧的时候疯狂，在别人疯狂的时候恐惧"。当社会所有的人都要投资去炒股的时候，说明风险已经很大了，这个时候我们一定要恐惧，一定要往外跑，而不是往里面冲。反过来，亦是如此。

有一个段子，说的是某个基金经理在公共汽车上，刚说出我是做基金经理的，结果遭到公共汽车上人的痛打。这是什么时候的情况？这是2008年，基金遇到重大亏损时发生的情况。当基金经理遭到群殴的段子出现的时候，市场就见底了。换句话也可以说，当大家申购基金达到顶峰的时候，市场就见顶了。这个指标是非常关键的。

有一个非常简单的逻辑，即"墨菲定律"。如果有两种选择，其中一种将导致灾难，则必定有人会作出这种选择。通俗一点说，一片面包，一边涂黄油，一边不涂黄油，哪边会掉到地上？"墨菲定律"的观点是：往往是涂黄油的一边掉在地板上。

如果推荐两只股票，一只好一只差，往往买到差的那只。

这是什么意思呢？正确的信息往往不会被人选择。看空、看多是两个不同的声音。1664点需要勇气是一个声音，1664点需要保存实力也是一个声音。你会选择哪一个？大部分人会选择错误的信息。6124点需要淡泊，但大部分人会选择8000、10000点的声音。这就是"墨菲定律"，这就是正确的信息往往不会被人选择的原因。

如何去克服心理上的误区，如何选择正确的信息？这可能是你成功的关键。有一个非常简单的选择是：哪个最成功就听哪个。怎样才能成功？你一定要和成功的人站在一起，与成功者为伍，以成功者为友。这是非常有效的一个方法。

第三部分　有时需淡泊，有时需勇气

追涨杀跌

人经常犯重复性的错误。"眼见为实"就是人在股市中经常犯的一个重复性的错误。我见到的就是事实，我只相信我看到的东西。这是人性的弱点。我所见到的东西是不是真的是事实？未必尽然。

过去、现在和将来三者的关系，过去的表现是这样的，现在的表现是这样的，将来的表现是不是还是这样？现实世界中，都有一个推断，有一个逻辑关系，但是股票市场上，可能会有非常大的差距。人经常犯重复性的错误，这就是现实生活中的推断和股票市场之间的推断不一样的地方。

为什么会有追涨杀跌？一般人的心态是涨了才买。

英雄落难的时候，跌到最低的位置，给他一碗粥，比在他辉煌时送黄金好。朋友落难、英雄落难的时候，向他伸出援手，有可能在英雄他日辉煌之际，给你非常高的回报，这在历史上屡见不鲜。

股票市场也一样。当众人杀跌的情况下，向需要帮助的人伸出援助之手，在将来也许会有好的回报。股票投资和做人是一样的道理。这是成功的一个法则。

如果将追涨杀跌的毛病改掉，也许更好。

淡泊和勇气

在股票投资市场上,许多人是被获利效应吸引进来的。那么,我们应该什么时候进场?答案是:获利最明显的时候需要淡泊,市场亏损最严重时需要勇气。

这是因为,需要淡泊的时候,获利效应是最明显的。在市场悲观的时候,没有人买股票的时候,恰恰是我们最应该出手的时候。你只要有勇气,你的人生或许会由此改变。

什么时候需要勇气?就是在别人没有勇气的时候,你需要勇气。什么时候需要淡泊?就是在别人没有淡泊概念的时候,你需要淡泊。每个阶段需要什么要思考清楚,这是最根本的立场。

我们应该树立这样一种观念:股票市场不是人生的全部。如果这个人除了钱之外什么也没有,这就不是完美的人生,钱只是人生的一部分,不能放在最重要的位置。这样才可以把理财的人生观摆正。

当你挣很多钱的时候,你需要的是淡泊。这个时候你需要想一想,不要挣太多钱,留一点给别人。巴菲特1块多钱买中石油、13块钱卖,13块和20块卖有什么区别?没有大区别。后面一截留给别人,不要挣完了,这才是良好的心态。

第三部分　有时需淡泊，有时需勇气

乐观者才能在股市中胜出

太阳每天从东方升起，到西方落下。有一种人的观点是：太阳每天都要升起。另外一种观点是：太阳每天都是要下山的。二者的世界观不一样。一个天性乐观，一个天性悲观。

我认为：我们对投资应该抱正面态度。虽然股市会回落，甚至会出现股灾，但不要对股市失去信心，因为从长远而言，趋势始终是向上的。只有乐观的投资者，才能在股市中胜出。

从乐观或者从悲观的角度观察世界，这是人生观的问题，还有思考的态度问题。首先要分析他是 A 类人还是 B 类人，才可以从他的观点判断出自己想要的东西。当你碰到一个 A 类人之后，你知道这个人永远是乐观的。这是判断其观点的一种方法。

其次，还要把这个问题思考清楚：A 类人和 B 类人所处的商业机构的利益是什么？最理想的是：他不代表任何商业机构。但是这种人很少。也有一种人在一种商业机构里，可以保持它的独立性。但这种人非常少。为什么呢？老板叫你这样做，你不这样做，那你就很难在这个地方待久了，除非这个人有自己的立场，我不在这个地方做可以在别的地方做。但是要做到这样真的非常难。我们应该给予独立人格的人更大的尊敬。

股票市场是财富再分配的场所，只要你的知识多学了一点，优秀品格更多一点，财富就会分多一些。我喜欢证券市场的部分原因就在

065

这里。

现在很多人喜欢用一句话忽悠老百姓去理财：你不理财，财不理你。我觉得应加一句：乱理财，还不如不理财。

成功者也曾有失败的时候，吸取教训就是成功的第一步，这不是什么大事。暂时失利没有任何问题，股票市场永远是有机会的，你只是把钱暂时存进去了。要有这种心态，在股票市场不要只想亏了多少钱，经过学习，还是可能慢慢成长的。关键是要在应该乐观的时候保持乐观的心态。

第三部分　有时需淡泊，有时需勇气

坚持是一件非常艰难的事情

股票市场的波动比较大，投资人应该有心理准备及投资预备，才比较好。

市场往往会碰到波折，价值投资者必定会碰到各种各样的困难，但如果从长一点的时间来看，持有有投资价值的品种未必错。我们观察一些大师的投资策略，像巴菲特或者大部分机构，并没有因为市场下跌而退出，我们想象一下，如果市场的主体全部退出，谁接呢？这是个问题。这是一个投资还是投机的问题，我的想法是投资性多一些，这和大多数投资者的想法可能不太相同。前提很重要。价值型投资者必定要求更高。人生每一点成功，都需要磨炼，何况是强大的股票市场！

很多人幻想着，我从小顶部退出，小底部再接回来，如果很多人都成功的话，谁在小顶接？谁在小底卖呢？这也是个问题，注定是趋势投资者的专利。

大盘跌了，但也有部分股票在创新高，同一个决定，对部分股票是对的，但对另一部分股票却不一定。

很复杂，供不同投资者参考，不一定对。

坚持是一件非常艰难的事情，但这就是我的选择。

把钱交给对社会有正面作用的公司

你到底选择投资策略还是投机策略,这个问题非常重要,涉及人生观、人生态度。

首先,你要了解你自己是什么样的人。

你要想清楚你是什么样的人,你想做什么人,你想挣谁的钱?有上亿的人参与市场,每个人的世界观都不一样,每个人的人生观也不一样。

我个人的观点是:在这个市场上,了解你自己是什么样的人,这是非常重要的。没有把自己了解透彻,很难有一个清晰的定位。

"我是怎样的人?我在这个世界上想做什么?我为了什么工作?"把这几个问题思考清楚,那么你的很多问题都可以迎刃而解。

也不要想得太深,否则会陷入无休止的思考当中。我思考了30年,才逐渐有一点粗浅的感悟。

其次,要了解你所投资的公司是什么样的公司。

我认为做对社会有贡献的事,做对别人有帮助的工作,是非常有意义的。同时,我认为世界上有三种人:一种人是对社会有正面作用的人,我定义为好人;一种是对社会有负面作用的人,我定义为坏人;如果是既没有负面作用也没有正面作用的人,那我认为就是无用的人。我想,做第一种人的话,会更好一点。

对于一家公司也是这样。我是这样定义的:如果这个公司对社会

第三部分 有时需淡泊，有时需勇气

起正面作用，这就是一个好公司；如果对社会只起负面作用，这个公司不管挣多少钱，都是坏公司；没有正面也没有负面作用，就是与社会无关的公司，相当于无用的公司。

在西方国家，很多优秀的公司和社会和谐共存，很多公司还提供社会责任资金、环境资金、促进社会发展资金，这些公司应说对社会有正面作用，符合社会的发展潮流，不浪费社会资源，对社会是有贡献的。这些公司对社会的发展具有非常重大的意义。

我认为投资市场也是这样。假如你选择一家公司进行投资，这个公司对社会是起正面作用的，我认为你的投资方向是正确的，虽然现在可能没有好的发展，但将来一定有成功的发展。这是我的一点思考。

假如证券市场上很多人像我这样思考，就可以把资源配置到比较好的公司里面去，而不是把资源配置到那些被评价为"坏孩子"的公司里面去。当然，社会中"坏孩子"得到好评价的比比皆是，但我认为还是起到正面作用的公司最终会得到更好的评价。

在社会尚存在不公平的情况下，很多人的道德观念会受到干扰。在这个社会中，怎么谈理财？我认为首先要端正自己的想法，要清楚自己想做什么样的人，这是不可以强求的。如果你思考清楚这个问题，你想挣谁的钱，最后你真正想做什么，就非常清晰了。

你将真正的投资资金交给你认为能够创造社会财富的公司，让它去帮你创造财富，这是最基本的道理。

第四部分

股市杂谈

在一片浮躁中保持清醒,在悲观绝望中保持信心。

第四部分　股市杂谈

谈谈投资方法与社会效率

如何投资才比较理想，是甲赚乙？还是乙赚丙？这其实是一种财富转移。相互比赛操作技巧，本职工作的质量又如何保证？这种思维就会在2000点、2400点、2600点、2800点、3000点是顶的猜顶游戏中痛失筹码。

甲乙丙如果以投资的心态进行投资，或者投资一个优秀的企业，随着时间的推移，财富可能是增加的。当然，进入的时点是低点的话投资的心态就更好些。这是为什么我在2008年时对1664点重视的原因。

用投资的心态去投资，甲乙丙都非常安心地做好本职工作，整个社会的效率就有可能随之提高了。

其实，如果换一个角度来思考问题，得出的结论也许更加符合实际。这是我和其他研究者思考问题的出发点的不同之处。

当然这是非常个人的观点，也许赞同者不会太多。

怎样正确选择和理解股票评论

第一，游戏规则决定投资者行为，交易机制决定了做多才能赢利的思维方式。

制定股票市场的游戏规则是为了达到什么目的？如果是为了达到高股价的目的，那么就设计出来只有做多才能赚的机制；如果不是，完全可以设计出来只有做空才能赚的机制；如果要合理股价，就设计出双向都可以交易的机制。而A股从诞生以来到现在的状况，显然是前者。为什么我们的股票价格总比其他市场的高？和我们特殊的股票大部分拥有者的构成有莫大的关系，而这种情况可能在相当长的一段时间内还不会改变，所以，A股市场在相当长一段时间内要高于境外市场的基础还是比较坚实。融资融券和股指数的推出会使这种情况有所改变。

第二，投资者的习惯决定了判断氛围，其实是人性的弱点使然。

日常生活中，一般人喜欢听好话，而非相反。人们对美好生活的盼望决定了其可以有选择地听取信息行为，喜欢听到鼓舞的声音而非相反，看多的声音会比看空的观点受欢迎得多，进而看多的人士比看空的人士受欢迎得多，在任何一个报告会假如出现两种观点的时候就会非常明显地表现出来。由此可以得出看多的股票评论员永远比看空的评论员的人数多，具体到每个评论员的统计来看，也是看多的时间要比看空的时间多。这个情况在期货市场和外汇市场有完全不同的实际表现，这是一个比较有力的证明。

第四部分　股市杂谈

第三，商业模式决定观点取向，大部分商业机构并没有长期计划。

企业管理者并不是拥有者，好多企业管理者在非常短的周期里更换频繁，这一事实决定了其思维模式不可能超过他们所经营的时间长度，所以长期经营的考虑不现实。而短期的商业模式并没有用长期的眼光考虑投资者利益，反而是去迎合他们的喜好，这样，只发出多方的声音去迎合而没有空方的位置就能够理解了。所以，看待股评首先要研究股票评论员所在机构的盈利模式，再进行深入的思考，也许就能够得出比较客观的结论，但这要求判断者要有相当丰富的经验。挑选一个长期以经营为指导思想的商业机构甚为重要。

第四，大部分的观点发出者都是受雇于以上的商业机构，独立的研究机构很难找到生存的空间。

很多投资者都习惯于接受免费的信息而不愿意付费，独立的研究机构因为得不到生存的经费而难以维计，这个时候要取得盈利的话，必然要在免费的基础上用其他的手段来赚钱，这就是很多投资者一边开心地享受免费的信息，一边痛恨地指责"黑嘴"，谁也没有想到该给诚实的独立机构以合理的利润，哪怕只有一点点？挑选一个不受到受雇商业机构所左右其观点的评论员甚为重要，只是比较难找。

这个不合理的循环还没有被打破。

第五，单只股票的表现更加明显，看空的结论并不创造效益。

大盘的研究尚且如此，单个股票的研究结论就更加明显了，如果看空，既对持有者不利，又对该上市公司股票价格的提高不利，进而不利于在该上市公司取得更多的信息，所以，大部分的研究者都不愿意树敌，这是根本的原因。其实，从概率的角度来看，20%的人拥有大部分的财富，同理，20%优秀的公司拥有大部分的利润，按道理应该是看空的股票报告多，看多报告少才比较正常，但市场恰恰相反，各位读者，你们之所见，事实是这样么？

第六，评论员的观点没有必要超过自己的承受能力。

有没有勇气来提出不同观点？提出不同观点会有什么结果？在社会活动中，从众心理是本能，是最少阻力的行动，很少能有团体容纳不同的意见，提出不同意见者遭遇的处境深刻地教育了其他人，所以大部分的人被训练成为意见一致。在强大的证券市场面前，特别是在2007年，看空者显得多么弱小，这是最本质的原因。挑选一个能够承受压力的评论员甚为重要。但是，拥有泰山压顶不变色之特质的人并不多见，而且还拥有相应经验，要不就是俗话说的死空或者死多之类。

第七，正确选择评论员的目的何在？

很多人花很多时间阅读众多评论员的观点，但我感觉首先应该做的工作是对你喜欢的评论员进行研究和选择，多一点冷静和思索未必不是件好事。评论员的目的是吸引眼球还是追求真实？是为了短期轰动还是长期对读者负责？是迎合还是独立？迎合是容易而且受到欢迎的，独立是痛苦的、不容易受欢迎的，对真实的不懈追求并不是一个轻易的事情，这是每个评论员不同的选择，这也是观众选择不同的评论员的品味。这和艺术领域是何其相似。

正确理解和看待股票评论员，并不是一件容易的事，需要多年的经验积累和刻苦的数据收集，这和选择医生是同样的道理，站在医生之上去选择是一件难度极高的工程。正确选择医生，目的是为了健康，正确选择评论员，是以步入盈利之路为目的。医生的医术是选择的第一条件，更加重要的是什么？是医德。选择股票评论员何尝不是如此？

回顾2007年，看多的观点太多，而2008年国际金融危机后，市场不断下跌，严酷的事实面前看空者又渐渐增加了，是不是又到了另外的极端？

第四部分　股市杂谈

赌经济还是赌政策？

经济情况不好，利好的政策又在适时加大，这时候我们该赌经济，还是赌政策呢？就中国的实际情况，我认为，不妨将政策的力量看重些。

2008年国际金融危机后，经济一路下滑，那时候可以说境外是疯熊，A股市场是蹦极，如果当时没有几个关键股票护盘的话，中国的市场也早就是疯熊了，这也说明A股由于其封闭性所带来的独立性。而且这种独立性是建立在经济形势特别严峻的环境下，中国政府紧急启动经济的大环境下产生的，换一句话来说，在全球经济陷入了困境的时候，也许只有中国有实力、有储备、有能力推出一个庞大的计划来拉动经济，而且中国大干快上的干劲是全世界公认的。这种热情是可以期待的。

最重要的是，面对经济的困境，中国政府会推出一系列积极的财政政策和适度宽松的货币政策，市场的外部环境就会发生变化，原来在宏观调控下的证券市场就有可能运行在一个为挽救经济下滑的宽松政策环境下，对待股票市场从坚决调控转变为坚决护盘，而且当时是拿出钱来护盘，这是完全不同的。

但是，如果境外每天都是不好的数据在冲击着人的神经，境内经济数据也在每天悲观地更新，而此时政策护盘的力量又在适时地悄悄加大，赌经济还是赌政策呢？这个时候不妨将政策的力量看重一些。

李大霄投资战略（第三版）

关于我
——风格和追求

在比较浮躁的现实中，我的观点很多时候总是很难得到认同，也比较难得到急躁的投资者的认同，更难得到一味"勇敢者"（他们在998点的时候一般是最悲观一族）的认同，我一直在坚持我认为正确的方向，因为我认为真实的东西最终能够被大家接受。

我的观点往往和主流观点有很大的不同，这也是为什么不容易被接受的原因。但是，我坚定地认为，最终的评价标准只有一个——市场本身而非所谓的评价体系！

我们生活在一个商业世界中，我的观点只有利于客户而非利于短期效益，有些商业机构并没有长期的眼光和百年老店的追求，但是，我总是相信，世界上仍然还存在有良知者，世界总会对真理有一个公正的评价！令我欣慰的是，通过十几年时间的检验，已经有一批真正了解我的性格和追求的投资者在慢慢接受我，这个过程需要一点时间。

在十几年中，我做的每一场报告会都没有商业目的，我做的每一次电台和电视台的节目观点都是清晰的，因为我认为如果模糊的话会浪费了别人宝贵的时间，我写的每一篇文章都是有结论的，因为我不希望浪费别人的版面，哪怕是很小的一个。在给以别人哪怕只有一点点帮助的时候，我感觉到我的生命价值没有在模糊中浪费。

我追求在一片浮躁中保持清醒，在悲观绝望中保持信心，当然，压力是巨大的，挑战更是无边的。

第四部分　股市杂谈

天很冷，但不会永远

当行情也没有方向时，很多人被无聊的行情磨掉了信念与激情。我突然有些话想说。

其实，股票投资和其他的事情道理是相通的。有的人一辈子就一份工作，有的人换工作很勤，有的人学得很杂，学钢琴、小提琴，也学书法等，但没有一样学成。有的人只学一样，几十年后成为大家。有的人求学历，有的人为考级，有的人学习是为找工作，而有的人在求真。

我有一次向一位医学大师请教成功之道，他原是我的中学同学。他有一句话我很受教，一个中等资质的人只要往一个方向钻二十年，一般来说总是可以弄出一点成绩。

想想生活及事业上的例子，谁的成功不是靠超越常人的坚持来实现的？有谁的成功是非常轻松就得到了？轻松得到的成功往往不会久远，事物的高潮阶段是靠非常平淡的低潮衬托出来的，惊喜也是在非常无聊的时光中才会出现。

天很冷，但不会永远，总有暖起来的一天……

牛市和熊市的回忆

中国的证券市场从 20 世纪 90 年代至今已经 30 来个年头了,其中经历了从 1996 年到 2001 年长达 5 年的牛市和 2001 年至今最长的熊市。大部分投资者都是在牛市开始涉足股市,现在回顾起来,几次的牛市是多么令人激动,而几次的熊市又是多么令人沮丧。而 2007 年的牛市,从深度和广度来说,已经超过了历史上的任何一次。人们在牛市和熊市会有不同的表现,笔者在此回忆一下供各位读者参考。

话题

在熊市中,不论是同学或朋友聚会、家庭探访,大家都回避一个同样的话题——股票,如果席间有哪个冒失之人提出,一定会受到冷遇,谁炒股就好像落伍了,而在 2005 年出现"远离股票,远离毒品"的口号是一个极端的反映,股票投资者被列入十大危险职业也是一个心态的表现。

在牛市中,时过境迁,同样的聚会,都会涉及一个话题——股票,而且讲者及听者都是那么投入,如果还没有入市,就显得落伍了。大家都忙于投资,已经不顾股票上涨时所蕴含的危险了。

第四部分　股市杂谈

联系

在熊市中，接到的电话、邮件、短信很少，内容也是摄影、艺术、人生等，证券从业员的名片很少能发得出去。

而在牛市中，接到的电话、邮件、短信数量渐渐增多，内容涉及股票的渐渐增多，其他内容渐渐减少，证券从业员名片的用量也大增起来了。

目标

在熊市中，由于亏损效应，很多人的勇气和信心在慢慢地消失，投资收益要求也慢慢回归理性，收益率只有2%的货币式基金也在不可思议地膨胀，大部分的股票价格只有从前的十分之一或者二十分之一，大家却对这些极低价格极高收益的股票视而不见。

而在牛市中，如果有人说，我一年赚了10%，一定会有很多人不屑一顾。对货币式基金有兴趣的人数大减。而好多股票以上升了十倍或者二十倍的价格在交易，好多人也渐渐忘记股票涨幅已高这一事实。

电视和报纸

在熊市中，好多电视台取消了部分证券栏目，证券报纸因需要多元化经营而开设彩票栏目。有些栏目是以"如何解套"作为宣传，很多人看股评节目不是以崇拜的目光，而是代之以嘲笑的眼神，更多的人连看一眼的兴趣都不存在。

在牛市中，由于观众的需要，传媒纷纷开设证券栏目，观众的目光也渐渐聚集起来了,股票类报纸的销量也大增。

现场股评大会

在熊市中,开股评会是需要勇气的,"有没有人来听"是每一个主办方所担心的问题,请谁来演讲也是组织者非常认真考虑的事情,没有一定重量级大师出场的报告往往听者寥寥。

而在牛市中的报告会经常出现人们席地而坐的盛况,时间往往要延长很久,气氛热烈。

招聘

在熊市中,"在证券公司上班"是一件不光彩的事情,证券公司的员工一般不愿公开自己的职业,常常只是勉强地说"搞金融的",从业人员羞于表明身份,是多么可悲之事。更加明显的是,在熊市中,很少看到证券类的招聘广告,因为全国三分之二的证券公司要重组,公司不倒闭已经是万幸。

而在牛市中,"我在证券公司上班"又是一个多么令人羡慕的事情,证券公司"诚聘英才"的招聘广告也是铺天盖地。

思考

人性的弱点永远如此,从众心理是本能,是最少阻力的行动,试想,有多少个团体能容纳不同意见者?大部分的人被训练成意见一致,在强大的证券市场面前人显得是多么弱小。这也是各个国家的股市在牛市狂热中吸引了大部分人的参与,而在熊市里几乎伤害到大部分投资者的主要原因。在股票这个专门针对人性弱点设计的游戏中，不从众的反向操作是步入成功的一个渠道，当然，这需要勇气、意志和淡泊的心志，而这只有极少数人才能做得到。

加大分红到底是利好还是利空？

加大股票的分红，究竟是利空呢，还是利好？有的认为是利空，本人却坚定地认为是利好。认为利空的理由如下：

第一，认为是利空者也许会举一个特殊的案例，就是巴菲特大师的股票从来不分红，但其却得到投资者的认可。

第二，上市公司处于发展期，分红会使公司失去发展的宝贵资金，不利于其获得更多的利润。

第三，分红使股票失去炒作空间。

这些理由看似有道理，但仔细分析，就可以发现一些问题。

第一，巴菲特大师的股票虽然不分红，但巴菲特投资的标的却是大笔分红。对于这种优秀企业的股票我们可以允许其存在不分红的情况，但是对于大部分股票来说，这是投资的基础。

第二，我们的市场已经发展了30来年，如果总是以发展期作为理由的话，不知道还需要多少个30年才不是发展期？如果不用制度来约束上市公司的话，让其自然形成良好的分红习惯的难度就非常大，而且不利于养成良好分红习惯的社会氛围。另外，鲜有公司认为到了稳定的回报期而进行大比例的分红，如果一直都没有分红的压力，也许永远都是投资期！

第三，我们的市场一直是建立在赚取其他投资者利润的基础之上，所以才有想像空间一说，如果我们的市场是建立在赚取上市公司的利润的基础之上，也许这种有别于其他市场思维的想法，就没有多少市场了，或者仅仅是在小部分投机者中存在，而非现在拥有广泛的生存土壤了。

　　虽然我们离成熟的标准仍有很大的距离，但更大的距离是要用制度来约束而不是股东意愿来约束，并用此标准来进行更加大规模的融资！可怕的是大量的股东们也意识淡薄，更加可怕的是市场对政策的理解连利好还是利空尚分不清楚！

　　这是利好，是 A 股市场在进步的利好。

第四部分　股市杂谈

在股票低迷时家庭支持尤为重要

　　股票投资，一定要量力而为。在顺境中需要冷静，在逆境中需要鼓励。

　　顺境和逆境是相互交替的，既然有逆境，就会有顺境，反之亦然。在顺境的时候，不要忘形，也许风险就在前面。在悲观之余，不要失意，也许转机就在明天。

　　顺境时，大家都沉浸在欢乐之中，逆境时，又如何度过？每个投资者都必须重视起来。

　　周期性的波动是客观规律，是不以人的意志为转移的，我们对这个事实应该充分理解。

　　心理的承受能力是随着经验的增加而增加的。而承受能力是投资者成熟度的测量指标。投资过程中的心理考验是必不可少的。投资者还没有投资之前大部分是工薪阶层，投资的规模和心理承受能力相匹配才会比较舒适。

　　家庭的理解、亲人的关心、朋友的支持就显得非常重要，尤其在困难的时候，生活总比投资重要，也许挺过去，又是一片天。

恐惧踏空还是恐惧套牢？

这个问题非常重要，如果想清楚这个问题，将对操作具备很强的指导作用，不管是长线的投资者，还是短线的投资者都是如此。

在2007年6124点的时候，大部分的投资者非常恐惧踏空，因为经过28个月的上涨，每次丢失筹码都是错误，投资者心中形成了强烈的恐惧踏空的情绪。这个阶段，大部分的投资者是以持有筹码为主，虽然不再踏空，但套牢成为了事实。

相反，在1664点以来，经过73%的下跌，很多股票股价只有原先的一折二折，这个时候，投资者心中形成了强烈的害怕套牢的情绪，反而不再恐惧踏空。这个阶段，大部分的投资者是害怕套牢，所以筹码的锁定并不充分，筹码丢失后，套牢的可能不再，但希望也不在了，踏空成为了现实。

补充一点：其实市场永远存在多空阵营，投资者的选择非常重要，只不过，在6124点时因为恐惧踏空而喜欢选择多方，在1664点时恐惧套牢而喜欢选择空方而已，但投资者往往更加喜欢把责任推给声音的发出者而没有把责任归于自己的耳朵。

我以为，如果认为这两种心理状态是错误的，对于长线的投资者，现在选择害怕踏空而加强锁定筹码也许会避免踏空的痛苦，对于短线投资，卖出是为了买进更多数量的筹码而非获得更多的现金。现在可能应该更要防止踏空而不是防止套牢。

如果认为这种心理状态是正确的就另当别论了。

其实,那些因为害怕套牢而丢失筹码的投资者,当没有了筹码后,被架空的痛苦、被市场排斥在外的心酸、对多方声音的愤怒及憎恨、当有一点下跌就像见到救命稻草而狂欢等不健康的心态就会慢慢滋生……

最终,心态的扭曲会让我们在下一个6124点的中段和末段见到这些投资者的身影。

一家之言

股票投资有赢有输，预测股市有对有错，投资者应自己承担赢输责任并自行做出判断。每个投资者在市场的目的、投资方法、投资期限、判断周期各有不同，多空有分歧，才能够有成交。以他人意见作为投资依据并不充分。一家之言，仅供参考。

任何人在股票市场面前，都要有敬畏之心，能够拾一两块小石头已经足已。

我也有过于乐观的时候，因此还需要好好学习。

人生有起有伏，股票如此，预测更是如此。既然是做这个工作，就要承担不利情况下的指责和过高期望后的失落。这就是大部分的人在工作之外不愿意出来预测、在工作之内也尽量模糊的重要原因。

股票震荡，是对长线投资者进行考验的阶段，这个过程比较痛苦。投资者不仅要有坚强的心脏还要有坚韧不拔的精神，经过2001年到2005年的漫漫熊途，再经过2008年73%的下跌，他们应该要经得起大的风浪。

口袋的左边是发股票，右边是发基金，应该还在是掌握之中。

有时候虽然空头嚣张，但在震荡中过度恐慌并不足取。

太阳有下山之时，也许他日还有上山的机会。

第四部分　股市杂谈

抓大放小

购买股票，是买大公司还是小公司，买民营企业还是国有企业，是购买传统型还是创新型企业的股票？这其实与投资者的投资风格有关，也就是你究竟是稳健型的投资者还是追逐高风险的专业投资者。

一般来说，大公司和国有企业更稳健，而小公司和民营企业风险大；传统型企业要稳健一些，创新型企业要风险大一些。

不过，不管是哪种投资风格，在购买股票的时候，不要忘记了解一下国家的政策动向。比如2010年，国家提出要大力培育战略性新兴产业，大力发展新能源、新材料、节能环保、生物医药、信息网络和高端制造产业，在这些领域中找寻最低估最优质的蓝筹龙头股，相对来讲，投资前景又要大一些。

在低位先选全球最好的股票，若还有钱再在低位选全国第一，若还有钱，再在低位选全国第二。这样自然而然地避开了高估的五类股票的陷阱，但能够理解这点者万中无一。千万不要倒着选，绝大部分人都是倒着选。这是问题的根源。普通人要特别注意小公司风险。

李大霄投资战略（第三版）

股市低迷时不要失去信心

华尔街有个说法："你如果能在股市熬十年，你应能不断赚到钱；你如果熬二十年，你的经验将极有借鉴的价值；如果熬了三十年，那么你肯定是极其富有的人。"

自2008年国际金融危机以来，中国股市率先触底，最高反弹涨幅达109%。虽然在实际中股市会不断震荡调整，出现与宏观经济相背离的走势，但这种背离只是暂时的，不会长期存在，随着经济逐渐恢复，过分背离的情况会渐渐修正，投资者不应该失去信心，从历史经验推断，通常在市场信心低迷的时候，不排除有稳定市场的措施出台，经验表明类似中石油及汇金公司增持等稳定市场的措施，不仅有利于恢复市场信心，还能够达到国有资产保值增值的效果。只要能够保持投资者利益与融资者利益平衡，一级市场与二级市场平衡，引资速度与融资速度平衡，市场就能够更加稳定。

中国证券市场经过多年的发展，已成为全球第二大证券市场。而随着A股市场进程的逐步完成，产业资本渐渐取代基金成为市场主导，股指期货、融资融券等双向交易机制的建立，也为A股逐渐走向规范与成熟增加"砝码"。

第四部分　股市杂谈

用血汗钱别做股指期货

关于是否参与股指期货，我有两个建议：

第一个建议是，普通人别去做融资融券和股指期货；第二个建议是，这个领域仅仅是专业人士的专利。

我认为，大多数人管理好自己现有的财富已是一件很艰巨的任务，如果轻率运用杠杆，相当于要管理数倍于自己的财富，这难度就非常大了。这不是危言耸听，这绝对是一个红线，越过去的人一定是专业人士。而且股指期货不是一个限额的、亏损就完了的东西，我们很多普通投资者用平时"补仓"等手法是根本行不通的。整个市场会有一个对以往经验推倒重来，重新学习、掌握规律的过程。

通俗点说，以前我们拿大刀长矛战斗，融资融券和股指期货出来后，相当于有重武器和火药了，风险很大，但很多人是经不住诱惑的。没办法，股市就是这样，永远是一个考验人性的过程。

第五部分

我眼中的大势（2007—2024）

股市有涨有跌，涨的时候，不要过于乐观；跌的时候，也别太恐慌，仔细分析，找出原因，你才能在震荡起伏的股市中找到方向。

2007—2023 年股市观点摘录

李大霄投资战略（第三版）

A股长期估值顶部已经形成

A股市值取得了突飞猛进的发展，但是，市场的估值也达到了世界的最高位。根据沪深交易所2007年10月17日盘后公布的数据，沪市平均市盈率70倍，深市平均市盈率73倍。两市市净率达到6.82倍的高位，远高于通常水平。现在的问题是形成高估值推动力能否延续？我以为继续推升市场估值的动力已经不足，A股长期估值的顶部有可能已经形成。

特殊阶段采用对供应量的控制是形成高股价的原因

当前"新兴加转轨"的特征突出，投资方的风险要比融资方大。

中国的资本市场在18年中，虽然发展速度惊人，但仍然还处于起步阶段，市场参与各方对真正的股东文化认识和理解可能还需要一个漫长的过程。证券市场的本义应该是投资和融资的场所，但由于理解的偏差，更多的人仍然理解为只是融资的场所，行为更多是偏向融资方而非投资方，而上市公司普遍存在的资本饥渴状态更使融资行为比回报重要很多。这样的大环境中，投资方的风险相对于融资方就明显加大了。

投资者对股票的无限供应特性估计不足。

到底是钞票多还是股票多？钞票的数量是有限的，钞票如果太多

第五部分　我眼中的大势（2007—2024）

就会造成恶性通货膨胀，所以任何一个国家也不敢贸然印发太多的钞票；但股票的数量是无限的，它没有控制通货膨胀的义务，所以在很多国家发行股票是受欢迎的，他们的国民对待股票较为客观，所以企业也给予比较低的价格或比较高的回报来对应这种无限供应的特性。由于我们的 A 股市场还处在初级阶段，很多投资者刚刚接触，对股票的无限供应特性了解不够。要知道过高的价格是不能抵御一旦放开供应时的风险，因为我们的 A 股市场并没有签订供应量的协议。

审批为主的市场供应不容易形成市场化的定价机制。

A 股一直以来仍然是以审批为主要的发行模式，审批的节奏是调控市场的重要手段，发行的节奏是由管理者把握，发行时市场的合理价格水平就不容易由市场形成。成熟市场的市盈率水平是 20 倍以下，但我们发行时的市盈率水平就远高于此。由于供应阀门的非市场化，企业上市自由竞争的市场机制就不容易形成，而且二级市场双向交易机制没有建立，市场定价的功能就不可能完成，加上现在的散户投资者仍然占很大部分的比例，二级市场的价格就更加容易偏离，18 年以来的证券市场的股价历史就是最好的证明。

特殊的股东结构容易抬高股票价格从而积聚风险。

总股本多，而实际流通的股少，这样特殊的股票数量不少而且还有增加的态势，它们只需要发行极少数量的流通股，就可以抬高股票价格而制造出庞大的总市值，进而影响大盘指数。这种特殊的股东结构使得股东对股票的控制能力大大加强，这容易积聚风险。

单边的市场机制积聚风险容易造成大的波动。

A 股市场现在只有做多才能赚钱，单边市场内在机制决定了投资者的行为，这是市场容易产生高估的主要原因。一个完整的市场是买卖自由的，我们的市场现在只是买股票比较自由，沽空股票的机制还在长时间的研究之中，平衡就不容易形成，市场一致向上的力量很容易把价格推到极高的高度，造成股票市场风险过大。问题的根源是我们到现在为止并没有推出平衡市场的规则，也许是监管者还没有深刻的认识，也许是担心负面的影响，而合理股价是平衡投资者和融资者利益的根本保证，也是我们的证券市场长期稳定运行的基础。

市场结构渐渐完善使极高估值长时间地失去了存在的基础

市场结构基本完成也使得政策刺激市场的动力不再强烈。

以前A股票市场的弊端是市场的结构不完善，市场只能容纳小股票，不能容纳大股票，造成结构上的失衡。为了改变这种状况，我们使用了很多刺激市场活跃的方法，比如全世界独一无二的新股首日或者上市后短时间计入指数，造成指数的繁荣以便吸引储蓄资金。在指数的繁荣和获利效应驱动下，现在大股票的发行已经没有任何的问题，而且还有供不应求的表象，市场也成功地从小股票的市场变为大股票和小股票共存的市场，中石油上市后的A股市场总市值一度也达到33万亿，已经是GDP的156%，再加上境外市场上市的股票，已经是GDP的218%。我们观察一下美国市场，市值的历史极限是160%。在这样超级庞大的市场规模下，再度用政策刺激市场的动力也不足了。

银行上市的工作基本完成再度刺激市场动力没有之前强烈。

中国银行的改革"只能成功不能失败"，除了对汇金公司的注资和剥离不良资产等手段外，还需要一个强大的资本市场来辅助完成改革，而这一任务在2007年基本完成，四大银行中已经有三大银行完成上市，大批的中小商业银行也大部分完成上市，银行类股票的市值占到了整个A股市场的相当高位，当任务完成后，再度刺激资本市场来辅助银行上市的动力就没有之前强烈，这样再盼望采用政策手段刺激市

第五部分　我眼中的大势（2007—2024）

场的可能性也就大幅减少。

市场将要建立促使估值水平趋于合理的自身调节机制。

我们的市场原来肩负着各种功能，一直以来都希望高股价能实现这些功能，所以反向的交易机制一直没有建立。市场没有自身的平衡力量，只存在多方而没有空方的位置，在利益的驱动下，市场行为就不再理智，创造了极高的估值水平纪录。可是我们观察到的情况是，政策已经发生了改变，长时间延迟的股指期货终于将要来临，市场自身调节机制将建立，空方第一次有了自己的地位，超过合理的高估值状态将给空方造成巨大的获利机会，多空双方力量将会有效改变市场使其达到平衡。在这样的背景下，现在过高估值水平趋于合理的可能性就大大增加了。

市场结构渐渐完善使高估值长时间地失去了存在的基础。

现在的资本市场结构很不完善，重股轻债的思维习惯使得股票市场的规模远大于债券市场，高估值也就得以产生。但我们观察到发展债市的政策在发生改变，大力发展债券市场可能是今后发展资本市场的重要方向，短时间迅速发行大量债券将成为可能。现在债券市场中已经出现了收益率达到6%的债券，这对现在息率1%左右股票极高估值水平产生了挑战。另外资本市场结构不完善还表现在市场的单一性，主板市场异常繁荣，极高的估值水平激发了大量企业的上市欲望，但主板的高门槛又将他们拒之门外，短时间数量的供求关系失衡造成了高估值的产生。我们看到代办股份转让市场试点正酝酿扩容，创业板的呼声日益高涨，一旦多层次资本市场渐渐形成，不同发展水平的企业将迈进相对应的市场，这将从根本上改变供求失衡的状态，使得特殊时期产生的高估值失去存在的基础。

打开国门促使A股估值水平渐渐融入世界。

中国的国门打开后，和世界的联系日趋紧密，经济渐渐趋于全球化，资本市场的全球化趋势也不可避免。上市公司在境内外多个市场挂牌上市的案例不断增多，在境内外不同市场套利的渠道就不断增多，多个市场相互交易的可能性也在不断探讨。资金的相互进出渠道也在不断拓宽，虽然港股直通车暂缓，但 QDII 和 QFII 规模也在不断扩大。更加重要的是投资者对投资理念的互相学习，内地投资者的眼界在不断拓宽，会有越来越多的投资者发现，他们购买高估值股票的行为其实蕴藏着巨大的风险。由于国门的打开不可逆转，A 股市场的估值水平将趋于合理，最终融入世界。

回报水平不足和流通量增加等因素促使高估值回归不可避免

上市公司红利回报水平不足，股价停止上涨的概率加大。

目前，市场的主要吸引力是靠市场的上升来维持人气，一旦停止上升，过高的交易成本将会造成亏损，进而就会减少新增的开户数。而且由于息率的过分偏低，等待上市公司分红来取得回报就十分漫长，这对股票的持有者来说是一个巨大的心理考验，这是风险存在及高股价不能长时间维持的根本原因。而经过长时间的上涨后，阶段性停止上升的概率就加大了。

流通量的增加决定价格水平下降不可逆转。

股改协议中，流通速度大量增加在 2007 年 10 月，突发性的增长在 2008 年，全面性的增长在 2009 年。2007 年全年的解禁股票数量是 1240.8 亿股，按现在的市值计算是 28476.4 亿元，占 11 月 16 号流通市值 81321 亿元的 35%，这还没有考虑庞大的红筹股的回归、新股 IPO 和老股再融资的数额。所以按照股改协议里流通速度的推断，高估值最有利的时机出现在 2007 年 10 月而不是往后。如果再考虑全流通发

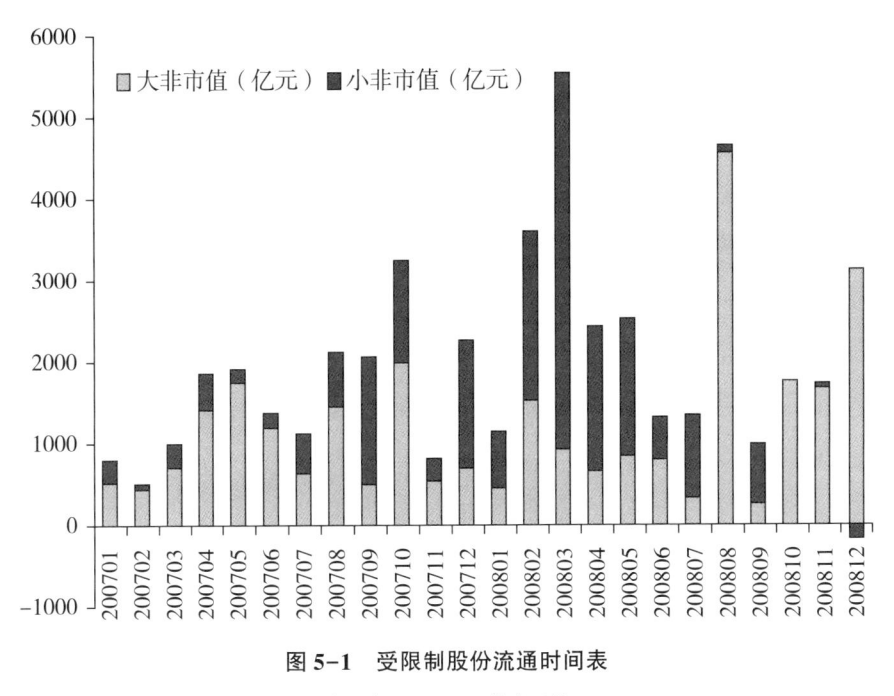

第五部分　我眼中的大势（2007—2024）

图 5-1　受限制股份流通时间表

资料来源：wind、英大证券

行的股票到期，股票数量就更加庞大，现阶段全流通体制下的大股票只发行2%~3%，掩盖了大股票的本质，从理论上大股票发行98%也是拥有和发行2%同样的权利，下阶段解禁的非流通股和全流通发行的未流通股的流通速度加快，这个进程不可逆转，会有效地促使估值的降低，高估值回归到合理水平也就不可逆转。

利率水平实质性的提高，不容易再提高估值而是相反。

从央行的口径和CPI的数据可以得出，利率实质性提高的可能性比下降的可能性要大。虽然短时间利率的变动和股票价格趋势没有即时的联系，但资本逐利的特性决定了长期的规律，在利率过分偏低的时候，非常容易引起资产泡沫，在通胀的压力下利率不得不回到正常的状态时，资产泡沫的再度膨胀就失去了存在的基础。而在一个以年来计算的比较长时间段来观察，提高后的利率水平不利于资产泡沫的再度膨胀而是相反。

资产注入只能化解部分风险并不能解决整体高估的现状。

我们有一个比较普遍的支持高股价的理由,就是依靠不断的资产注入来降低市场风险。在市场规模非常小的时候,市场的高股价也许可以靠不断的资产注入来化解部分风险。但现在A股市值相当于GDP总量的150%,资产的注入化解部分股票的风险是可行的,但化解整体风险就变得非常困难,因为很难再找到另外两个GDP总量的资产来进行重组,所以把希望寄托在外力变化的投资就承担着过大的市场风险,这是可以比较确定的推断。

奥运会等同于一定上涨的理由并不充分。

奥运会的建设是要提前多年准备,反映在上市公司的业绩增加因素也已经体现或者部分体现,受益的也是局部而非全体,为了保证顺利召开,也许还要作一些人数限制等措施。另外就算是受益公司也不能估计太高,因为奥运会近年内只有一次。

境外市场的危机没有完全化解,对A股有向下拖动作用。

最近由于美国次级债的影响,全球市场出现动荡,流动性出现不足,央行纷纷向市场注入资金来补充。但次级债的大部分还没有到风险的暴露期,所以谈危机结束还为时尚早,更加重要的是,各大主要的金融机构如花旗和美林等纷纷换人,继任者必然会采取保守的策略,像以前大量利用衍生品来制造流动性的举动可能会得到一定的遏制。美国是中国第一大贸易国,如果美国的情况不能迅速好转,中国对美国出口下滑就变得不可避免,那么,主要由于顺差所得到的流动性过剩就会得到很大的缓解。

美国股市从2007年10月开始也出现下跌,标普500指数从10月16日1576点下跌到11月12日1435点;欧洲股票市场也出现下跌,法兰克福指数从10月11日8054点下跌到11月16日的7612点;日经

第五部分　我眼中的大势（2007—2024）

指数从 2007 年 7 月 22 日的 18158 点到 2007 年 11 月 16 日的 15155 点，下跌了 16.54%。日元从 6 月 22 日 124.14 到 11 月 12 日已经变为 109.12 价位，也从另外一个侧面反映大量创造流动性的套息交易者有平仓迹象。恒生指数也从 10 月 30 日的 31958 点下跌到 11 月 16 日的 27608 点。上述情况并未因为美国减息而扭转。而我们的主要股票大部分在中国香港市场上市，相互联系日益加强，境外市场的不稳定对 A 股向下拖动作用不可忽视。

（2007 年 11 月 19 日）

A股市场稳定的基础

为应对国际金融危机，国务院出台了国十条、金融30条等一系列重大政策，中国人民银行在前段时间也进行了十年来罕见的大幅下调存贷款基准利率，并适度下调了存款准备金率，开始执行适度宽松的货币政策。比较充裕的流动性会对证券市场产生影响，有利于提高A股的估值水平和市场稳定。目前，A股市场经过大幅调整后，内在价值慢慢显现，股东行为也渐渐出现变化，市场内在稳定的基础也逐渐成熟。更加重要的是，这段时间以来，国家实行了一系列稳定市场的政策措施，市场拥有了稳定的政策氛围，A股市场稳定的基础已经形成。

本次国际金融危机的级别远低于1929年

1. 当前国际金融危机和1929年时的大萧条不同。

大萧条时，美国将1000多英亩的棉花毁在田间，将大量小麦当燃料烧，将所存牛奶倾入密西西比河。加拿大让小麦烂在田里，阿根廷将猪肉坏在仓库中，巴西将咖啡投入炉中做燃料。91岁经历过大萧条的路易斯·麦肯齐说，对比一下，我们现在的情况并非如此。现在只是以美国为代表的家庭开始改变消费方式，增加储蓄率而已，和当年数目众多的人们陷入长时间的饥饿状态是完全不同的。现在美国的失业数字是 7.2%，而当年的数据是 25%。

2. 各国政府的监管和空前的救助力度最终会产生效果。

1929 年最糟糕的情况是各个国家进行贸易保护从而加剧了危机，而现在各个国家之间对于合作对抗国际金融危机取得了共识，重蹈覆辙的可能性并不大。1929 年各国政府救助银行不力，大量的银行倒闭，导致民众对银行失去了信任，很多人把现金藏起来。而现在以美联储为代表的各国央行对待金融机构的态度是"你们需要钱么"，大规模的注资行动和国有化倾向使救助力度空前，前段时间 G20 还做出不再让任何一家大型金融机构倒下的承诺，使花旗银行等金融机构得到救助。再看美国，先是动用了 7500 亿美元的救助计划，现在新总统又开始酝酿 8000 亿~1 万亿美元的刺激经济计划，欧洲大约动用了 2 万亿欧元进行救助。另外，各个国家接近零利率的极端应对也史无前例，大规模的救助及经济刺激计划最终将会产生积极的效果，全球经济缓慢恢复相比继续恶化的概率要更大。

股票估值水平已经处于历史低位 区域有助市场形成稳定

1. 股票市场的价格水平已经处于低位区。
2. 利率水平的大幅度下移提升了股票吸引力。

从投资回报要求的角度分析，利率水平的大幅下降，使存款人在银行的存款收益大幅减少。而宽松的货币政策也存在通胀预期的威胁，使现金持有者不得不面对现金贬值的危险。随着股票价格的大幅回落，股息率逐步增加，而当股票的股息率高于银行存款情况出现时，配置股票就显得相对合理了。

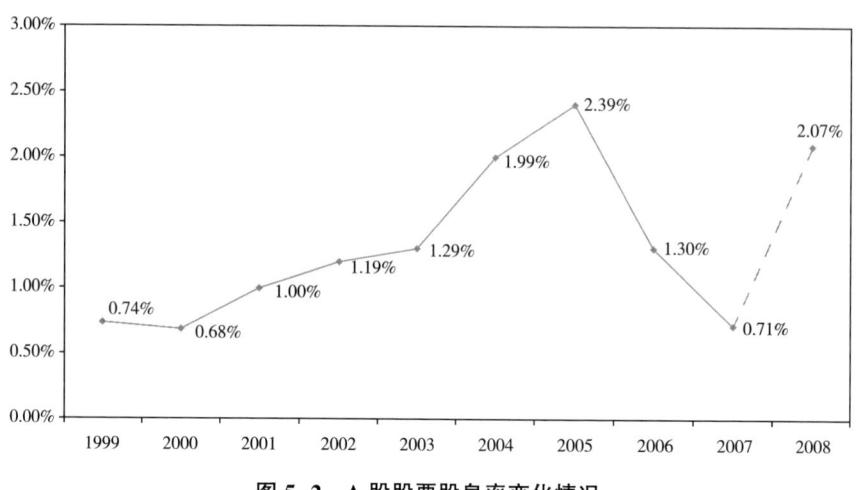

图 5-2　A 股股票股息率变化情况

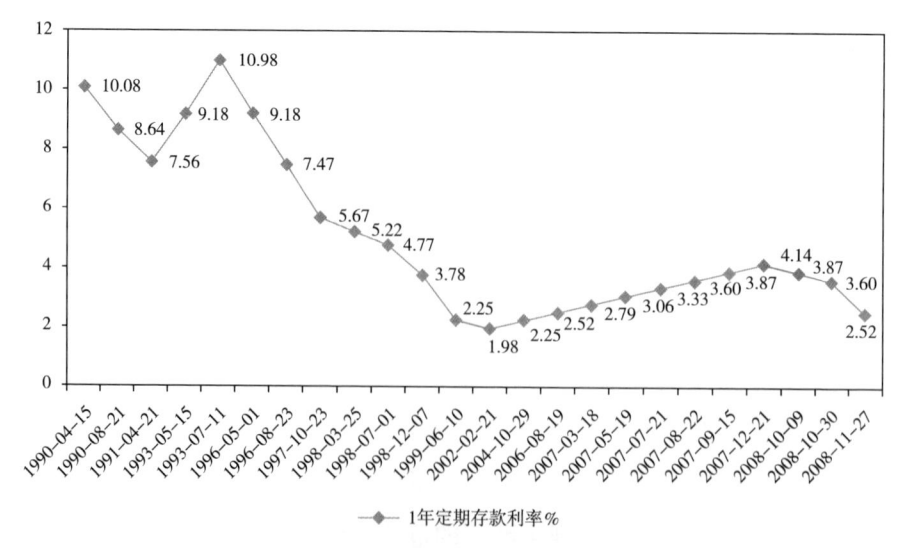

图 5-3　1 年定期存款利率变化图

资料来源：wind、英大证券

第五部分 我眼中的大势（2007—2024）

解禁股问题对市场的影响已经出现转机

1. 大股东已经自发地从单方面减持转变为双向增减持，有助于促使市场稳定。

2. 解禁股结束单边下跌走势表明市场的稳定基础形成。

6124点以来，A股市场谈解禁股色变，解禁股下跌成为惯例，不管在解禁前还是解禁后都是如此，更有人开辟了大小非减持业务，成为大小非减持专业户，以很低的折扣取得大小非的筹码后，在二级市场中投机造成市场弱势并恶性循环。但最近情况发生了改变，解禁股渐渐成为淘金之地，这是一个极其重要的信号，可以有效地改变市场的预期。首先，大小非们就会慢慢惜售，减持专业户们就不容易拿到低的折扣，进而在二级市场倾销的举动就会大幅收敛；而淘金者慢慢增多就形成了市场稳定的基础，解禁股的压力有望随着时间的推移进行化解。

3. 全流通的市场格局渐渐形成促使市场稳定。

全流通的市场肯定比股权分置时要合理，利益趋同的动力使往外掏的现象得到改观。这是一个根本性的变革，我们不应该又回到分置的老路上，这是我们证券市场具备真正意义投资价值的基础，而之前只是一个融资的场所。随着时间的推移，全流通进程渐渐推进，全流通的股票数量将渐渐增加。相对来说，全流通的股票对投资者的心理威胁要比非全流通小一些，市场稳定的力量也在逐步增加，从这个角度来看，时间就形成了化解矛盾的正面因素。全流通局面的渐渐出现，使真正意义上的收购兼并成为可能。这会有效激活市场，控制权毕竟是很多人一生的追求。

李大霄投资战略（第三版）

救市政策促使市场稳定

1. 标志着主导市场政策方向的指数基金已经重新发行。

2007年四季度，市场接近6000点时，指数基金停止了发行，因为如果继续发行，新投资者的盲目和对投资知识的匮乏，加上市场宣传的片面性，会导致指数基金膨胀，从而进一步推升市场的泡沫。停止指数基金发行，表明控制市场泡沫的重要信号已经出现。因为从6124点下跌以来，政府虽采取多个措施稳定市场，但作为推升市场的工具——指数基金这个武器一直没有被运用。而相隔一年后，市场经过大幅调整，市场泡沫已经充分被释放，市场稳定又成为必要，去年12月30日广发沪深300指数基金成立后，今年1月14日工银瑞信也宣布获得批准，政策方向信号已经出现。

2. 具备高度的准确性和前瞻性的社保基金已经悄然进入。

社保基金是我们的养命钱，因为具备特殊性，故具备了超然的地位。在6124点，很多投资机构还在遥望万点的时候，社保基金悄然而退；而在1664点后，社保基金又无声无息地进入，数目已超100亿。从其身份的特殊性、赢利大于亏损的历史记录、政策动向的超级把握能力来分析，把社保基金的进入作为市场转好的一个重要前瞻信号并不为过。

3. 汇金公司及中投公司的出手是市场稳定的重要条件。

从汇金公司的投资记录来看，近年它高额注资国有大型银行，取得了巨额的账面收益，因此我们并不需要怀疑其投资能力及操作水平。再从中投公司在香港市场承接境外抛盘的气概进行观察，这次维护市场稳定的决心是中国证券市场有史以来最为坚定的。很多人期盼成立平准基金，其实成立平准基金是有额度的限制，而汇金公司和中投公司的额度限制并不存在。

第五部分　我眼中的大势（2007—2024）

市场低迷时投资胜率远高于高涨期

1. 发行困难时投资胜率要超高涨期。

很多人喜欢在市场兴旺的时候投资，这个时候经济数据良好就业充分、IPO 顺利投资信心膨胀，一切都非常如意，只是这个时候的股票比较抢手因而价格较高，企业的融资成本就相对较低，一般这个时候是伴随着天量的融资，创多年新高的融资规模随处可见，但往往是股票的购买者成为窦娥。而股票低迷时的经济表现往往是不景气：失业率高企、投资者信心不足、IPO 为零，但这个时候往往是股票价格比较低廉的时候，没有这么多的坏消息，股票价格能够这样便宜么？价格高对股票发行者有利，而股票价格低则是对购买者有利，只是很多人的行动刚好相反。

2. 危机中投资收益从长远来看远大于高涨期。

从历史统计数据来看，在一个巨大下跌后的次年投资，将来获得正收益的概率很高。这次的国际金融危机，导致全球金融资产也跌到一个比较极端的价格，悲观者在危机中看到的是巨大的风险，而勇敢者在危机中看到的是众多的机会。

3. 符合国家需要的投资胜率更高。

从更高的角度来看，在国家需要大力投资启动经济的时候，在国家需要刺激证券市场发挥融资功能来支持经济发展的时候，在国家需要投资者的时候，证券投资者就具备了更加高的历史使命，同时也得到社会更加高的尊重和承认并被好好保护。从博弈的角度来看，6124 点需要淡泊，1664 点需要勇气。从历史的经验来看，紧跟政策导向投资无疑比反其道而行之要拥有更加高的胜算率，每次响应政策导向的行动最终会带来良好的回报，这次也许也不例外。虽然 2008

年股票曾经给投资人带来巨大损失，但情况已经发生改变，也许2009年，股票会带来希望。我以为，融冰之路也许崎岖，但已经启程。

（2009年2月3日）

第五部分　我眼中的大势（2007—2024）

A股逐渐步入长期投资起点

2011年回顾

2011年中期A股市场整体呈现震荡下行的走势，截止到12月30日，沪深300指数下跌25.01%，上证指数较年初下跌21.68%，深圳成分指数下跌28.41%。主要原因在于欧美债务问题、我国货币紧缩政策的超预期，而过大的扩容压力则加剧了市场资金供给的不平衡。

1. 欧美债务危机持续升级。欧美等发达国家的债务问题呈现愈演愈烈的态势，希腊危机尚未平息，意大利等欧元区核心国家的问题又浮出水面，美债上限上调也因两党分歧而未彻底解决。在解决危机方面，欧元区各国、美国两党皆因各自的利益而久拖不决。高企的债务也拖累了欧美经济复苏的步伐，失业率居高不下，而又缺乏有效的刺激措施。

2. 流动性紧缩程度超预期。今年我国政府实施了持续从紧的货币政策。2011年上调存款准备金率7次，3次加息，导致社会流动性比较紧，不同期限的SHIBOR均达到或接近历史最高水平。

3. A股市场持续扩容超预期。2009年初，A股流通市值占总市值的比例为36.9%，而这一比例目前已达到75.69%。自2009年以来，A股市场累计融资额达到22051.95亿元。截止到2011年12月30日，A

股总市值为 211338 亿元，流通市值为 161536 亿元；与 2009 年初比较，分别增长 97.29%、304.34%；与 2011 年初比较，跌幅分别达到 11.8%、8.15%，远小于 2011 年股指跌幅。在全流通和市场扩容的影响下，股指表现遭到压抑。

策略观点：A 股逐渐步入长期投资起点

从宏观层面来看，2012 年面临的状况将是好坏参半：欧元区虽再次陷入衰退，但流动性或放松；美国经济复苏有望超预期，流动性维持宽松；我国经济增速放缓，但呈现前低后高趋势，货币政策将由偏紧向稳健转向。总体来看，预计 2012 年市场面临的宏观环境在实体经济方面与 2011 年基本持平，而流动性则有一定的改善，A 股市场将逐渐步入长期投资的起步区域。

从 A 股资金供需角度来看。预计 2012 年 A 股市场的扩容增长依然将保持相对较快的速度，但是经过过去三年以来的快速扩容，优质的 IPO 项目资源逐渐减少，过会率未来可能降低；券商储备的项目数量大大减少，新项目的周期相对比较长，这使得 A 股扩容在客观上会有所减速。另外大盘股资源的逐渐减少，中小盘股票估值的逐渐回落导致再融资及套现的压力减小、监管层鼓励上市公司债券融资等都将缓和扩容压力。在资金供给方面，货币政策由偏紧转向稳健为市场流动性好转提供了基础，而监管层鼓励地方社保基金、养老保险、住房公积金余额等长期资金的运用将为市场带来新的增量资金，有助改变 2011 年资金失衡的状态，为市场带来一轮新的发展期。

从 A 股估值角度来看，以近段时间的低点 2132 点计算全部 A 股的市盈率（TTM）仅为 13.13 倍，2012 年动态市盈率仅为 9.56 倍，市净率（PB）仅为 1.95 倍。纵向比较来看，目前整体的估值水平处于历史的底部区域；从市场结构来看，大盘股整体估值已经处于历史底部；从股息率的水平来看，按照2010年的分红比率，2011年上市公司业绩同比增长20%左右，大盘成份股的股息率水平已经高于同期一年期的存款利率，投资价值逐渐显现；另外，从一些大盘蓝筹股大股东的增持行为、汇金公司增持银行股来看，大盘蓝筹股目前的投资价值已经明显增强，而中小盘个股目前估值水平虽然大幅下降但还相对较高，结构性风险尚存。在政策的强烈推动下，2132点成为底部的概率增加了。

总体来讲，A股经过四年的调整，目前无论是点位还是整体估值均处于相对较低的水平。2012年，在全球流动性局面好于2011年，我国经济预期向好、欧债不会出现极端情况的前提下，A股市场将逐渐步入长期投资的起步区域。

（2012年1月）

五大理由促 1849 点成为历史重要底部

2013 年 6 月 25 日，A 股市场创出年内新低 1849 点，对国内经济形势的负面预期、短期金融市场流动性紧张以及 A 股做空力量影响是导致短期市场下跌的主要因素。而在此点位附近的市场估值已接近 A 股历史低位，我们认为五方面原因将促成 1849 点成为 A 股历史重要底部。

第一，2013 年下半年宏观调控偏向稳增长

2013 年第一、二季度 GDP 当季同比增速分别为 7.7% 和 7.5%，经济增速下行和结构调整难度导致微观主体对下半年经济形势持不乐观预期。国家统计局 7 月 PMI 指数下滑至 50.3 的临界值附近，而 7 月汇丰 PMI 则为 47.7，连续三个月低于 50。7 月 16 日召开的经济形势座谈会上首度提出宏观经济运行要保持在合理区间，其"下限"就是稳增长、保就业，"上限"就是防范通货膨胀。当经济运行保持在合理区间内，要以转变经济发展方式为主线，以调结构为着力点，释放改革红利，更好发挥市场配置资源和自我调节的作用；当经济运行逼近上下限时，宏观政策要侧重稳增长或防通胀，与调结构、促改革的中长期措施相结合，使经济运行保持在合理区间。

7 月 30 日，中央政治局会议上再次强调经济运行处于合理区间的必要性，认为当前我国经济发展仍处于重要战略机遇期，具备经济持续健康发展的基础，要求把握好宏观调控的方向、力度、节奏。此外，十八大明确提出了"2020 年实现国内生产总值和城乡居民人均收入比

2010年翻一番"的发展目标,客观要求今后几年的国内宏观经济增速持续保持在合理区间,而达到这个发展目标的国内GDP年均增速在7.1%左右。

2013年上半年GDP累计同比7.6%,已经接近当前经济增速合理区间下限值7.5%。我们认为下半年宏观调控将着力于稳增长和保就业,扭转此前经济下行中的悲观预期,中长期宏观调控政策也将致力于保持经济增速于合理区间的水平。2013年6月全国发电量累计同比达到4.37%,预计发电量增速有望保持稳步回升趋势,下半年宏观经济增速或稳定在7.4%左右。

为实现稳增长目标,近期国家已连续出台八项促进经济发展的措施,分别包括有:促进光伏产业发展;鼓励信息消费;支持节能环保产业发展;加快城市棚户区改造;取消贷款利率下限;建立铁路产业建设基金,加快中西部和贫困地区铁路建设;减免部分小微企业营业税和增值税;促进外贸进出口。我们认为这一系列的发展措施有助于刺激社会投资,对提升国内经济活力也有正面作用。

第二,资金紧张的高峰已经过去

6月底上海银行间同业拆借隔夜利率创出历史新高,达到13.44%,短期资金价格飙升的原因有二:其一是银监会规范银行表外理财产品,严查违规同业票据业务;其二则是银行半年度结算时点到来,新增贷款规模限制等要求扰乱金融市场流动性供给预期。

我们认为,隔夜SHIBOR再现如此高位的概率偏低,13.44%也许会成为长时间的历史纪录。其一,央行和银监会强调国内银行整体备付金充足,不存在流动性总量不足的情况;其二,为稳定市场政策预期,央行于公开市场上实施短期货币净投放及长期资金锁定操作,在缓解流动性风险同时控制长期通胀压力;其三,隔夜SHIBOR在创出13.44%新高之后8个交易日就回落至正常水平,资金紧张状况并未持续较长时间，表现出资金利率突变更多来自短期非理性市场因素。

第三，机构入市及救市力度加大

货币市场短期风险迅速传导至国内权益类市场，2013年6月底A股出现大幅下跌，并创出上证指数1849点的年内新低。面对短期极端市况，管理层迅速采取了非常规救市措施。

首先，汇金公司公告除增持四大行之外还将增持新华保险、光大银行和交易所交易基金（ETF）。汇金公司从此前大股东增持旗下公司转变到市场交易者的角色，其庞大的资金量足以担任平准基金的角色。

其次，社保基金关注蓝筹。全国社保基金理事会原副理事长王忠民表示，中石油是社保基金最佳投资标的。中石油A股也在2013年6月底创出新低之后连续上行，一定程度上也担当了救市主力的角色。

再次，产业资本积极入市。2013年6月上市公司重要股东主动入市增持市值环比大增5倍以上，仅次于2012年11月和12月的单月增持规模，显示沪指2000点以下能够吸引更多产业资本参与。

最后，管理层积极扩大QFII份额。证监会与中国人民银行及外汇管理局决定扩大合格境外机构投资者（QFII）投资额度，由800亿美元进一步增至1500亿美元。另外，人民币合格境外机构投资者（RQFII）试点将在新加坡、伦敦等地进一步拓展。截至8月6日，已有229家QFII获批共447.53亿美元的投资额度，并已向38家RQFII批出1219亿元人民币的投资额度。

管理层积极引资措施有助改善投融资增量配比不均衡局面，对冲IPO重启的负面预期，改善金融市场融资结构不合理局面，缓解企业负债压力。

第四，三大指标揭示1849点底部坚实

1994年8月，沪指创325点历史低位，沪指动态市盈率为11.58倍，申万风格大盘指数成分动态市盈率为13.65倍，期间新股暂停发

第五部分 我眼中的大势（2007—2024）

行1个月；2005年6月，沪指构筑998点历史低位，沪指动态市盈率为14.56倍，申万风格大盘指数成分动态市盈率为11.64倍，市场流通市值占比为31.67%，期间新股暂停发行12个月；2008年10月，沪指再创1664点历史低位，沪指动态市盈率为12.5倍，申万风格大盘指数成分动态市盈率为12.18倍，市场流通市值占比为33.65%，期间新股暂停发行8个月；2013年6月，沪指跌至1849点，沪指动态市盈率为10.85倍，接近历史低位，申万风格大盘指数成分动态市盈率为8.25倍，再创历史新低，市场流通市值占比达到79.42%，而本次IPO暂停时间已经超过9个月，且重启日期尚无定论，有可能是A股IPO暂停史上最长周期。因此，从A股市场历史估值底部、较长IPO暂停周期以及最高流通市值占比这三个指标来看，A股蓝筹品种于沪指1849点所构筑的底部有可能较325点、998点和1664点等历史低位更为坚实。

与此同时，2013年中期国内企业整体盈利形势较2012年底有所好转。2013年6月工业企业利润总额累计同比增长11.1%，显著好于2012年三季度盈利负增长局面。其中2013年6月全国国有企业利润总额累计同比回升至7%，中央企业利润总额累计同比则达到15.6%，均好于2012年12月相应指标-5.89%和-0.40%的盈利增长表现。而在上市公司层面，根据WIND数据统计，2013年、2014年沪深300成份股合计净利润增速的一致预期也分别由2012年11月26日的5.68%和14.34%调整为2013年8月5日的9.20%和13.8%，A股蓝筹品种中短期盈利预期有所改善。我们认为企业盈利形势好转将对其市场估值底部的形成有正面意义。

第五，政策层面呵护苗头越来越明显

从管理层近期的表态和出台措施来看，政策面是支持股市稳定发展的。

首先，为了缓解IPO排队企业的资金需求压力，鼓励企业以发行

李大霄投资战略（第三版）

普通股之外的多种方式融资。证监会表示,申请首次公开发行股票的在审企业可申请先行发行公司债。

其次,证监会表示积极研究建立优先股制度,支持上市公司回购普通股且发行优先股方案,尝试建立权益类资本固定回报机制,吸引长线资金持续参与市场。

最后,证监会新闻发言人首度表示管理层正在研究"T+0"交易机制,并强调A股推行"T+0"交易制度不存在法律障碍。我们认为若推出主要针对市场大盘蓝筹股的"T+0"交易机制,一方面可以改善市场流动性,促进蓝筹股价值回归,另一方面也可有效避免以往"T+0"交易机制下过度投机炒作所带来的市场风险。

尽管6月份A股市场快速下跌迫使IPO重启日期被一再延后,然而随着IPO财务核查接近尾声、国内企业盈利形势改善、A股逐步走出低迷,新股发行仍将提到管理层的议事日程上。除了此前管理层在拓宽资金入市通道方面的努力之外,有效控制IPO定价泡沫也是吸引场外新增资金的措施之一。预计本次IPO重启后,管理层或将限制部分非理性新股发行价格的出现。

如果能有效改变一级市场向二级市场输入泡沫的现状,A股长期存在倾向融资者的政策就有可能得到纠正,中国证券市场的春天就有希望了。

(2013年8月14日)

第五部分 我眼中的大势（2007—2024）

五大逻辑支撑"地球顶"的判断

6月15日上午，笔者发表微博称："5178.19地球顶，用烙铁烙定了。"此前，笔者曾在6月9日称"5147.45地球顶，顶定了"，5月5日称"4572地球顶"。

而昨日大盘的表现很不理想，上证指数以5174.42点开盘，最高仅到5176.79点后就一路震荡下跌，并失守5100点。截至收盘，沪指报5062.99点，跌2%，成交10649.9亿元；深成指报17702.55点，跌2.19%，成交9300.3亿元；创业板指数报3696.03点，跌5.22%，成交1848.17亿元。

五大逻辑支撑5178.19点"地球顶"

笔者在接受金融界网站采访时表示："5178.19点的地球顶烙定了。就算破了，也不会偏离太远。"五大逻辑支撑"地球顶"的判断。

第一，A股当前估值水平偏高。截至目前，主板PE中位数约为86倍，创业板PE约150倍。主板股息率为0.27%，需要370年才能回本；创业板股息率为0.13%，需要769年才能回本。

第二，注册制的序幕悄然展开。当前，监管层从一个月发10家新股到30家到50家，再到"巨无霸"国泰君安的发行，打破了以往发行家数的限制。据测算，国泰君安单家公司的融资额相当于65家新股发行。A 股过度供不应求的格局将转为供求平衡，这将使高估值逐渐变得合理。

第三，双向交易工具完善。从沪深 300 指数到上证 50 指数再到中证 500 指数的推出，以及近年来股指期货、融资融券等工具相继上线。做空工具逐渐从点到面，市场对于估值过度偏离的纠正几乎不可逆。

第四，产业资本大量减持。据统计，2015 年以来，产业资本一共减持将近 5000 亿元，其中 5 月至今的减持额高达 2000 亿元。产业资本减持的力量非常大，这也几乎是不可逆的。而产业资本减持不受法律限制，只能靠道德制约。

第五，去杠杆力度加强。今年以来，监管层不断加强对于杠杆的监管，尤其是对于场外配资的管理不断加码。每家券商都没有钱可借了。这说明市场到了狂热的时候，投资者的风险意识比较薄弱，投资者教育以及适当性管理都需要加强，更给券商提出了更高的要求。

当绝大部分存量资产已经高企，而增量资产源源不绝向二级市场输入泡沫，"地球顶"就已经确立了。这是一场中国人财富大转移的过程。

风险积聚 A 股泡沫超过历史任何一次

接下来的 A 股走势仍将分化，部分处于低位、上涨幅度不大的蓝筹股还有空间，但"黑五类"股票就比较危险了。

近日，证监会主席提出：1. 改革牛理论成立；2. 市场不差钱；3. 实体经济越差股市越涨的判断没道理，牛市建立在政府有能力保 7% 的预期基础上。

证监会就新两融管理办法征求意见，严控场外配资，加码降杠杆，提醒风险的态度很明确。本轮牛市以来，上证指数从 2000 点左右一路

第五部分　我眼中的大势（2007—2024）

上涨到5100点之上，风险已经越积越高，股票便宜了要投资，贵了要警惕，这是再正常不过的事情。

此次股票热潮，股民参与的广度和深度，超越了股票历史上任何一次，而大部分股票的泡沫程度，也超越了历史上任何一次。如何平稳地削减股票泡沫是一个非常大的难题，我们的股市其实历史尚短，并不具备足够的应对经验和方法，投资人要非常小心谨慎。

（2015年6月15日）

李大霄投资战略（第三版）

"婴儿底"已经成立五理由

2015年6月12日至8月26日，A股市场一改之前的强势上涨行情，在短短53个交易日内，沪指由5178点下跌至2850点，期间跌幅达到45%。短期下跌迅速吞噬了全年的上涨空间，股市由过热转入极寒，然希望往往是在困境中重生。2015年8月27日晚22时，笔者发表看多A股观点，提出"婴儿底"成立的五个理由：

1. 主要蓝筹股估值已经到位。A股第一轮下行从沪指5178点到3373点，第二轮从4006点到2850点，市场调整幅度基本到位。在2850点"婴儿底"附近，主要蓝筹股出现了低估，上证50的PE为8.5倍，股息率达到3.66%。

2. 杠杆水平已经基本正常。在"婴儿底"附近，融资余额从2.27万亿元降到1.1万亿元，高杠杆现象已得到改善。9月初至10月以来，A股融资余额基本维持在0.95万亿元至0.9万亿元之间，融资余额占A股流通市值比为2.34%，美国股市则为2.51%，场外配资清理接近80%。

3. 影响市场的做空机制已经暂停。像所有存在争论的融券、股指期货、分级基金、期权等已经暂停或者大幅减弱功能。

4. 限制减持及暂停IPO。影响市场的产业资本减持已经做出限制，只能买不能卖。IPO暂停减轻了供应压力。

5. 救市措施渐渐发挥作用。中国人民银行双降、向市场提供流动

第五部分 我眼中的大势（2007—2024）

性，养老金入市准备、证金公司护盘、社保基金入市、保险基金加大投资、上市公司大股东及高管增持、减免红利税、加大上市公司分红等一系列大力度的救市政策渐渐发挥作用。

目前，股市做空动力已衰竭，救市力度有增无减，国内财政货币政策同时发力保障经济平稳增长，人民币币值波动收敛并趋于稳定。国庆节后，A股市场重新上行，"婴儿底"构建初步成型。A股新的投资机会已经显现！

（2015年10月18日）

2440点有望成中国股市第五个历史大底

1月7日晚，为进一步支持实体经济发展，优化流动性结构，降低融资成本，中国人民银行决定下调金融机构存款准备金率1个百分点。其中，2019年1月15日和1月25日分别下调0.5个百分点。

此次降准预计将释放资金约1.5万亿元。当日，沪深股指均低开高走，收盘大涨。而证监会网站最新信息显示，在2018年的最后一个工作日，第三批养老目标基金已集体获得"准生证"，又一笔新资金将驰援股市。在两个重大利好的影响下，A股跳空高开13点，港股跳空高开389点。

中国经济潜力巨大，取得稳定的概率较大，货币政策转向积极，财政政策正在发力，一系列稳定经济增长的政策措施正在进行，2440点是政策底也是市场底，上证50PE只有8.3，股息收益率达到3.44%，估值水平已经是历史低位，在全球市场具备吸引力，在今年外资将大量进入的背景下，养老金和养老性质资金、保险资金、社保基金、中国版401k计划等长期资金入市条件已经具备，产业资金已经从减持转为增持，熊市有望在2440点结束，2440点有望成为中国股市第五个历史大底，有望成为中国股市第五轮牛市的起点。

（2019年1月7日）

第五部分　我眼中的大势（2007—2024）

万亿巨量 22 天却不涨风险凸显

　　A 股连续万亿元成交已经超过 22 个交易日，很多人很兴奋，认为是牛市信号，笔者却认为是一个极其危险的信号。2020 年连续万亿元成交有 17 天，2015 年有 43 天，后续行情的演绎过程无一例外步入调整，而 2015 年因为放量时间过长，调整就更加剧烈。

　　更加重要的是，市场主力在巨量掩护之下，已经将筹码悄然转移到风险意识淡薄的散户手中。任何脱离基本面的巨量成交都是虚无，某板块 21 个交易日就能换手一次，其实是在炒空气，美其名曰长期投资其实都是幌子，为什么需要警惕，因为在悄无声息之中已经被换手一遍了。

　　很多人对于大量成交而利好的某板块有过度的憧憬，如果是因为整个市场步入大牛市而上涨，某板块的上涨是有扎实的基础，若仅仅因为 22 天万亿成交而带来的利好，那就是仅仅 22 天万亿元成交的利润空间而已，类似自己拔自己头发升空，拔到一定程度就可以了，不要真的误以为自己会上天，任何脱离基本面的上涨，其上升空间和上升的时间都相对有限。

　　以美联储为首的各国央行放出 18 万亿美元进行救市，这是一次全球性的泡沫，遍及债市、股市、房市、商品、虚拟货币等多个领域。当美联储准备收缩的过程中，泡沫爆破就不可避免，当然希望有序收缩，对市场冲击会小些。

而美国股市是全球股市风向标，有十个迹象表明美国股市第四个历史高点已经出现，美股泡沫爆破对A股影响不容忽视，皆因全球共冷暖。由于我国市场中泡沫也相对较小，希望冲击会较美股小些。也希望在泡沫爆破过程之中，安排好稳定市场的一系列举措，保护好市场及散户。

当然，并非彻底否定整个A股市场，市场总由高估和低估两个部分组成，高估部分中最动听最潮流最吸引人的概念和题材会最终回归，而另一部分最低估最优质的龙头好股票在经受股市泡沫爆破之后，洗尽铅华，终会露出闪闪发光的真正价值。

散户朋友一定要非常重视杠杆风险，一定要保护好自己，只有自己充分重视、理解到位才能保护自己。投资组合中股票债券现金比例适当，与每个人的风险承受能力相适应，股票构成中留存真正的价值回避虚无，祈求价值投资者能够安然度过这个史无前例的泡沫爆破的痛苦过程。

（2021年8月19日）

第五部分 我眼中的大势（2007—2024）

美股百年第四个历史高位或已出现

2020年3月，为有效应对新冠疫情的不利影响，以美联储为代表的多国央行动用约18万亿美元救市，伴随而生的是多个领域产生了泡沫，包括债市、股市、房地产、贵金属和大宗商品、虚拟货币等等。随着天量的流动性泛滥，一场投资盛宴开始了，不参与其中则财富会被稀释，但过度参与者则要注意"剩宴"的风险。目前，美联储缩减购债预期较强，有十个迹象表明美国股市可能已经出现转向，存在局部巨大泡沫爆破的前兆。2021年9月的高位非常有可能形成美股百年以来第四个历史高点。投资者需要警惕，提前应对。

一是全球债务和美国债务已经超越二战，达到巅峰。

救市也是有代价的。美国债务上限已经从最初1935年的450亿美元提升到2021年10月15日的28.9万亿美元。根据Trading economics发布的数据显示，2021年9月美国政府债务高达28.43万亿美元，以2021年二季度美国国内生产总值折年数22.74万亿美元计算，美国债务率在125%左右，超过二战后1945年117%的债务率。而国际金融协会报告显示，包括政府、家庭、企业和银行债务在内的全球总债务水平在2021年第二季度增加了4.8万亿美元，达到296万亿美元，全球债务率高达353%。全球债务水平创了二战以来新高，是不可持续的，这是风险的根源。美国债务上限危机或将持续长久地影响国际金融市场，而美国居民的数轮疫情财政补贴已经结束，用加税来增加财政开支将是异常艰难的漫长博弈。

二是美国股市表现与全球其他主要市场表现相差太远。

美国股市自2009年3月以来,已经连续上涨了12年6个月,与全球其他主要市场震荡表现大相径庭。特别是从疫情以来,美国股市是主要股票市场中表现最强,但欧洲股市涨势较缓,日本股市已经出现疲态,A股和H股也已经三个季度没有创新高了。显然,美股上涨动力与其他国家股市上涨的动力有着明显差异,美国股市已经进入高估危险区间。道琼斯指数、纳斯达克指数和标普500指数的市盈率分别为25.9倍、39.9倍和26.6倍,市净率分别为6.73倍、5.9倍和4.51倍。在低利率和通胀背景下的高估值现象要十分警惕,一旦市场利率发展趋势变化,估值调整压力则将显现。

三是美国股市其表现远超出现实疫情困境。

从2020年3月23日开始,截止到2021年9月7日,以最高点15403.44计算纳斯达克上涨132.3%,标普500指数在2021年9月2日高点4545.85点计算,上涨107.4%,道指在2021年8月16日创下35631.19点,上涨95.6%。美股在疫情期间的牛市大多靠资金推动而非基本因素,其中,三大指数的上涨幅度亦出现了明显的背离,纳指超越道指太多,反映市场依靠高科技板块拉动较大,受益整体经济增长的作用较小,股市上涨的基础不牢固不全面。

四是美国股市内部结构亦出现了明显背离。

罗素1000指数和罗素3000指数在2021年9月2日分别创出2551.48点和2698.84点高位,但罗素2000指数早就在2021年3月12日创出2360.1点的高位,上行动力不足。这一情况反映美股大型公司特别是少数头部公司股价涨幅居前,表现活跃,其他大部分公司股价上涨动力不足。美股牛市的真正成色被削弱,其内部个股前景或已出现分歧。

第五部分　我眼中的大势（2007—2024）

五是美股成长股票表现超越价值股票太远。

在三大罗素指数里面，成长风格最为强势，价值风格自 2021 年 5 月 10 日开始出现了明显的背离。美股表现出弃价值追成长的现象，价值股票普遍不被看好。价值股票上升动力不足或也预示着市场做多资金有限。鼓吹成长独享牛市非经济繁荣期正常牛市表现，做多资金不足只能选择部分进攻，预示着非常规牛市的动力已转弱。

六是美国股市股息收益率逼近历史低位。

截止到 2021 年 9 月份，标普 500 指数的股息收益率为 1.34%，而 2007 年 11 月份为 1.77%，2000 年 3 月份为 1.16%，1929 年 9 月份为 3.00%，这个数据已经逼近历史低位。从体量上来看，当前美国股市体量远超之前的三个时点，美股的局部泡沫程度或已为历史之巅。

七是投资者防风险意识偏低，散户入市汹涌。

芝加哥期权交易所 VIX 指数在 2021 年 6 月 29 日创下了 14.10 的低点，创 2020 年 2 月 20 日以来的新低，反映出绝大部分投资者预期后市波动程度会趋缓，防风险意识偏低。很多国家股票市场出现了散户大量入市的盛况，特别是美国 2021 年上半年散户开户数达 1000 万，超过去年全年，甚至还出现了散户合力大战机构的极端情况。从历史规律来看，股票市场出现极端情况都应值得警惕。

八是估值水平已经到达了极限。

截止到 2021 年 9 月，标普 500 指数席勒市盈率为 38.30 倍，而 1929 年高点为 32.56 倍，2000 年高点为 44.19 倍，2007 年高点为 27.55 倍，已经处于 100 年以来次高位。以 2021 年 10 月 14 日收盘数据计算，三大指数平均用 1 美元只能换 0.175 美元净资产。2021 年上半年，全球通过购买美股指数 ETF 形式流入净额超过 5800 亿美元，年化折算是过去 20 年的总和，这是今年美股极端估值的重要推手之一。

巴菲特指数亦已经达到极限。巴菲特先生教导我们，当市值超过

GDP 的 120% 就要小心，超过 130% 就要非常小心，超过 150% 就要极其谨慎。而现在美股巴菲特指数已经超过了 208%，全球股市巴菲特指数为 143%，中国股市亦已经达到 122%。

九是全球疫情趋缓，救市政策退出或为各国共同选择。

最近，全球疫情整体呈现趋缓态势。近一个月来，确诊病例下降近 30%，此外，确诊病例的死亡率也在持续走低。这是一个可喜的迹象，希望全球能够就此走出疫情阴霾。随着新冠疫情的逐渐消退，主要矛盾或由应对疫情转变为债务偿付，疫情时期的临时应急措施或逐步退出。以美联储为首的各国将步入漫长减债周期，救市特殊阶段的零利率甚至是负利率货币环境或将逆转，过高估值的债券市场、房地产市场、商品市场、虚拟货币市场或将承受调整压力，特别是过度高估的美股市场。

十是过度宽松政策回归正常是刺破股市泡沫的坚实逻辑。

一场巨大的局部泡沫已经形成，这个泡沫仅仅是靠全球负利率或者低利率环境勉强维系，但仅仅利率步入正常化的预期或将改变全球资产的巨大局部泡沫。当然，美股最低估最优质的价值股在局部泡沫爆破之后依然存在未来。

综合上面十个因素，标普 500 指数于 2021 年 9 月 2 日创下 4545.85 点，道琼斯指数于 2021 年 8 月 16 日创下 35631.19 点，纳斯达克指数于 2021 年 9 月 7 日创下 15403.44 点，将有可能成为 100 年以来美国股市继 1929 年、2000 年、2007 年之后第四个历史高位。我国部分机构和高净值人群在美投入很大，要做好风险管理。而美股任何一场危机都对全球金融市场包括中国股市的影响不容忽视，要作好准备提前应对。总体从进攻变为防御，若苹果熟了可摘两个。

（2021 年 10 月 16 日，郑罡对此文亦有贡献）

第五部分　我眼中的大势（2007—2024）

新股破发预示市场转弱
宜从进攻变为防御

A股30年以来，由于新股发行速度一直都是受控的，使很多散户投资者误以为新股是个稀缺资源。

在打新一族、吹新一族、炒新一族、追新一族、接新一族的击鼓传花游戏中，新股不败现象就诞生了，新股受到非理性追捧成为高估五类股票中价格偏离最严重的一类，接新一族成为韭菜付出了代价，前四族割了第五族的韭菜。

在注册制新股制度改革之后，新股发行改为市场化，一级市场与二级市场的价格差异大幅缩小甚至倒挂，次新股不再成为前四族人无风险套利的游戏，前四族人也出现了风险，最近新股连续破发也许仅仅是开始。新股发行市场化有效降维打击前四族人，之前一直以来只有第五族成为韭菜的现象将成为历史。

而随着新股供应量的逐渐增加，新股稀缺的思维惯性将会被打破，再加上新股破发逐渐增加，很多人将会重新认识新股和次新股，其实新股和次新股蕴含风险不容忽视，君不见，今年港股新股惨烈的情况令全球最激进的投资者也要回归冷静。

新股其实是非常充裕的，供求平衡并不困难，甚至是潜在供过于求的，所以不应享受溢价而应该折价。次新股风险是相对较大的，因为还没有经过市场的真正检验。很多人一边抱怨发行过多的新股，一边又每天盼望中签，中签之后还希望开盘涨 N 个板，可就是没有考虑第五族人套牢的痛苦，要想想 48.6 元接手某股票的人的感受，其实股票投资者欲成功首先需要善良。

破发现象用铁一般的事实说明新股价格定高了，该调整调整了，新股定价要更加合理。在资本还没有完成原始积累之前，很多人都希望一口赚饱，所以单靠发行者理性就比较困难，投资者本身也要肩负起更加重要的责任，有能力定价者要更加理性出价，无能力定价者可等待物远超所值再慢慢动手也不迟，真正回归理性最后还得靠投资者。

截止到 2021 年 10 月 28 日，AH 溢价指数为 143.11%，仍然处于偏高区域，但凡有港股公司回 A 消息传出时无一不是大涨，消息被证伪时无一不大跌，说明在 A 股上市能够享受更加高的价格，但同时也说明 A 股投资人需要付出更加高的代价。

从新股发行市场化开始，无风险套利游戏，结束了。警惕吧！还沉醉在新股不败美梦的人。随着游戏规则彻底改变，投资人思路也要彻底改变，才能让自己的财富保值增值。

新股定价应该高些还是应该低些？这是完全不同的两种思路，是偏向融资者和偏向投资者的两种价值取向，其实只有让投资人特别是散户投资者买到足够便宜的股票，才能够谈财富保值。只有改变一级市场向二级市场源源不绝输入泡沫的不合理现象，中国股市才能更加健康稳定发展。

新股频频破发亦说明市场本身转弱了，或者说明市场回归理性了，特别是美股面临百年来最大的估值泡沫爆破的风险，对 A 股的冲击要高度重视，要提前认真准备应对，要从进攻变为防御。

（2021 年 10 月 29 日）

第五部分　我眼中的大势（2007—2024）

价值投资者要异常珍惜3000点之下的美好时光

3000点是A股市场一个绕不开的点位，15年以来一直在3000点反复穿越。但是未来却不一定永远停留在3000点。

经济发展推动股票市场重心提升。国家统计局公布的数据显示，2021年中国国内生产总值超过17万亿美元，占全球经济的比重超过18%。2013—2021年，中国经济年均增长6.6%，远高于2.6%的同期世界平均增速，其对世界经济增长的平均贡献率达到38.6%，超过七国集团国家贡献率的总和，未来中国经济占全球经济比重还会慢慢提升，经济增长从长远看必然推动股票市场重心提升。

现在3000点和15年之前的3000点其实已经大不相同，当然现在3000点的中国股市机会和挑战也是并存的，但其中部分最优质最低估最龙头的股份稳定的基础仍然存在，进而部分主要指数有望稳定下来。

估值水平已经相对比较有吸引力了。以2022年10月27日上证指数在3000点的数据为例，经过15年前艰苦努力，估值水平从34倍PE、5倍PB回到11.6倍PE、1.24倍PB，资产质量已经得到夯实，部分泡沫已经得到初步释放。同一时刻的上证50指数跌到8.7倍PE、1.15倍PB，恒生国企指数6.6倍PE、0.66倍PB，恒生指数在15000点的估值为7.4倍PE、0.74倍PB，恒生指数15000点之下可能也越来越难见到了。随着好股票重心提升，与之相关指数的重心也会慢慢提升，优质龙头股票的权重较大推动指数重心上行有望抵御劣质股票的重心下移的影响。上证指数构成条件的不断优化也能够增加推动指数重心上行因素。

长期资本入市将推动市场重心提升。若能够提升长期资本入市力度，使得引资力度与融资速度平衡，投资者利益与融资者利益平衡，一级市场与二级市场平衡，中国股票长期健康稳定发展就值得期待。最近部分股票的回购力度也在加大，保持股市、债市、楼市健康稳定的政策导向也使市场稳定成为可能。

综上所述，随着时间的推移，随着中国经济稳健发展，在3000点之下的美好时光，其实是异常短暂和珍贵的。当然仅限好股票，差股票还需十分谨慎。

（2022年10月27日）

第五部分 我眼中的大势（2007—2024）

中国最优质核心资产率先进入牛市十大原因

随着昨日晚间美联储鹰派政策见顶，全球金融市场出现转机，中概股也一路飙涨。中国资产已经按照中概股、在港中概股、港股、A股的顺序率先展开了反攻。

具备战略眼光的长线资金已经在中国新核心资产里面率先进行全面布局，也许是真正的深度价值投资者一生之中难遇的投资机会，有以下十个原因：

一是中概股经过深度调整已经成为反攻先锋。纳斯达克中国金龙指数11月累涨42.13%，率先步入技术性牛市，创下有记录以来最大单月涨幅。究其原因中概股跌幅已经足够率先探底回升。

二是恒生科技指数已经调整到位成为反攻先锋。2021年2月以来，恒科指一度跌超70%，调整时间和空间都比较充分，以11月3日3035点估值计算，35.1倍PE、1.85倍PB的估值水平亦已经从高位大幅回落。

三是恒生指数回到25年之前，调整过度，现步入牛市。10月31日创下的14597.31点成为超级历史大底，截至11月30日，恒生指数已经从低位升超4000点，11月创下24年以来的最大单月涨幅，步入牛市。

四是中国股市2022年底部成立。中国股市前五个历史大底分别为上证指数 325 点、998 点、1664 点、1849 点、2440 点。从上证指数的技术面来看，今年 4 月 27 日 2863 点和 10 月 31 日 2885 点共同构成中国股市 2022 年底部。

五是 A 股中主要指数估值水平已经足够吸引。以 11 月 3 日上证指数在 3000 点的数据为例，估值水平从 15 年前的 34 倍 PE、5 倍 PB 回到 11.6 倍 PE、1.24 倍 PB，资产质量已经得到夯实。

六是中国稳定经济回升预期对股市形成支持。

七是长期资金入市推动市场反转。目前，个人养老金制度启动实施，源源不绝地带来长期资金。还没入市的各项长期资金潜力也很大。

八是人民币稳定使得股票市场反转。最近人民币汇率趋于稳定，从外资大量流入抢筹的实际行动亦得到验证。2022 年 11 月外资共流入 A 股超 600 亿美元。

九是中国经济稳健发展推动股票市场重心提升。

十是中国股市占 GDP 比例与成熟市场差距依然较大，中国股市发展空间依旧广阔。

（2022 年 12 月 1 日）

第五部分　我眼中的大势（2007—2024）

中国股市最优质核心资产重心上移

最近重大利好频发，刺激经济的力度渐渐加大，经济止跌回升的动力增强，对中国股市的支撑力度渐渐加大，目前3200点一线"优质资产"起飞的概率陡然增加。

美国财政部长耶伦刚刚下飞机时出现了一道彩虹，这也许是一个好兆头，希望能够带来好转机。

国家发展改革委日前召开了民营经济座谈会，释放出愿意倾听民营企业声音的积极信号，这就意味着下一步往解决民营经济实际问题的方向逐渐前进就成为可能。这是一个重大利好信号，实质行动比表态有用，我们希望这样的会议能够形成制度定期召开。民营经济是大头，若能够加大资源配置维持稳定，对经济增长民生就业皆贡献巨大。

平台经济的治理整顿工作取得重大进展，我们观察到地方政府与平台企业纷纷签订合作协议，下阶段提升国际竞争力提上议事日程，平台经济是我们一个重要的具备国际竞争力的领域。美股和港股相关龙头股份闻风崛起并非空穴来风，只不过绝大部分散户朋友没有相关股份不易察觉而已。

我们欣喜地看到，昨天晚上出台对房地产的重大利好政策，中国人民银行、国家金融监督管理总局7月10日发布通知称，《中国人民银行 中国银行保险监督管理委员会关于做好当前金融支持房地产市场平稳健康发展工作的通知》（下称《通知》）有关政策有适用期限的，将适用期限统一延长至 2024 年 12 月 31 日。房地产产业链占经济比重巨大，随着政策力度逐渐加大，房地产的渐趋稳定或许会早一点到来，经济企稳回升的基础就会更加扎实，建议还需持续加大政策力度。但不管怎么说，昨晚的重大政策值得点赞，态度坚定方向非常正确，股票市场对重大利好也会有一些反应。

特别是日前管理层开始启动投资端改革，证券市场迎来投资端改革的重要利好消息，其中公募基金的改革力度和速度逐渐加大，为市场带来中长期稳定资金，这将有力推动中国股票市场稳定。公募基金是中国证券市场的重要力量，而当下的现状是今年初公募基金总额 27.7 万亿元已经创出历史新高，但股票基金只占 2.62 万亿元的现状急需改变。这个比例稍作一点提升作用巨大。

截止到 2023 年 7 月 11 日 9：29 分，美元对离岸人民币从 6 月 30 日的 7.2855 到 7.2284，人民币已经升值了 574 个基点，企稳回升的迹象初步出现。这次股票市场的调整因素之一是汇率的波动，央行出手稳定汇率，对股市的稳定起到重要作用。

以昨天 2023 年 7 月 10 日收盘计算，上证指数 3203 点的估值水平来看，上证指数 13 倍 PE、1.33 倍 PB，上证 50 指数 9.7 倍 PE、1.24 倍 PB，沪深 300 指数 11.7 倍 PE、1.36 倍 PB，央企指数 8.2 倍 PE、0.89 倍 PB，恒生指数 18479 点 8.7 倍 PE、0.89 倍 PB。在全球主要市场中属于相对偏低位置。

更加重要的是，中国经济长期增长潜力巨大，2022 年中国国内生产总值超过 121 万亿元，近十年中国经济年均增长 6.2%，远高于 2.6% 的同期世界平均增速，其对世界经济增长的平均贡献率达到 38.6%，超过七国集团贡献率的总和，未来中国经济占全球经济比重还会慢慢提升，经济增长从长远看必然推动优质股票市场重心提升。

第五部分　我眼中的大势（2007—2024）

中国经济长远发展就打开了中国优质资产的上行空间，当然仅限好股票。

正可谓，海阔凭鱼跃，天高任鸟飞。

（2023 年 7 月 11 日）

李大霄投资战略（第三版）

中国股市大蓝筹重心上行是有基础的

2023年8月8日，隔夜美股三大指数全线上涨，道指大涨超1%，距离历史新高仅有一步之遥。美股大涨对落后的A股形成良好的外围环境。A股在史无前例的"要活跃资本市场，提振投资者信心"政策指导下，一系列刺激资本市场有效政策会陆续出台，资本市场的活跃值得期待，投资者信心最终恢复值得期待。

更加振奋人心的是，我们终于看到了提振投资者信心的号召，这是中国股市的特大利好。我坚定地认为，中国股市是由2.1亿散户投资者和7亿基金投资者组成的庞大市场，涉及千家万户，只有保护散户、爱护散户、捍卫散户、让他们赚，才是中国股市长期健康稳定发展的唯一出路。

我们惊喜地发现，沪深交易所IPO的最新受理日期停留在6月30日，7月份以来至8月3日，新增受理的IPO数量为零。7月共有22家拟IPO企业过会，而撤否企业有23家，撤否率陡然突破30%，创下今年2月份全面实施注册制以来的最高值。进入8月仅一周，撤否率直接跃升至43.33%。从种种迹象观察，保持"一二级市场的平衡"初露端倪。经过30多年的艰苦探索，终于逐渐接近了证券市场存在问题的核心。

紧接着中国结算拟对股票类业务最低结算备付金缴纳比例进行进

第五部分 我眼中的大势（2007—2024）

一步下调，有利于减少全市场资金占用，提高资金使用效率，进一步释放流动性。降低结算备付金在一定程度上提升券商资金利用效率、将对资本市场高质量发展形成助力，对提振交易信心起到激励效果，确保流动性充裕。更加振奋人心的是，对下调印花税等救市措施的讨论渐渐增加，这会形成政策利好源源不绝的局面，有力地推动市场反转。

从投资者情绪来看，按一般历史规律是应该随着股指回升而回升，当下投资者情绪并没有回升反而下降了，对最后一个多头的不理解程度反而增加了并非减少，一是说明大部分散户投资者都没有购买与主要指数相关的产品，二是说明投资的耐心已经到达极限，往往是说明散户筹码已经被超级大资金默默收入了囊中。与主要指数相关资产上升及超级大资金的动向不无关系，散户投资者的情绪极限往往与大型底部相对应，在底部还大肆渲染悲观的恶意空头实在是太过居心叵测。而散户在底部丢失了最宝贵的筹码，最终的宿命或是在下一个"地球顶"上，被当下最顽固的空头最后时刻叛变之后忽悠进场。

从市场主要指数的估值水平来看，截止到2023年8月7日，上证指数报收3268.83点，对应央企指数8.2倍PE、0.91倍PB，上证50指数10.0倍PE、1.30倍PB，沪深300指数12.0倍PE、1.41倍PB，恒生指数9.2倍PE、0.94倍PB，央企指数已经低于恒生指数，而恒生指数在全球主要股指中垫底，中国股市优秀的大蓝筹股龙头股的估值水平足够具有吸引力。对应的大蓝筹股估值底或已出现，特别是在无风险收益率大幅下降的基础之下，股债差还在历史高位区，在资产荒越来越严重的前提之下，中国股市的大蓝筹股重心上行是有基础、有逻辑的。

从积极的股市政策来看，开始启动投资端改革，证券市场迎来投资端改革的重要利好消息，其中公募基金的改革力度和速度逐渐加大，为市场带来中长期稳定资金，这将有力推动中国股市市场稳定。公募基金是中国证券市场的重要力量，而当下的现状是今年初公募基金总额27.7万亿元已经创出历史新高，首次超越银行理财，但股票基金只占2.62万亿元的现状急需改变。这个比例稍作一点提升作用巨大。

从长期资金入市的角度来看，截止到2023年8月7日，今年以来外资入市数量已经达到2309亿美元，远超去年798亿美元，最近也有加速迹象。随着内资的逐渐觉醒，投资端的改革加速，养老金、险资、公募基金、私募基金、银行理财、企业年金等长期资金入市会加速进行，随着获利效应的出现，庞大的居民储蓄将会逐渐进入股市。

从经济回升的角度来看，7月官方制造业PMI为49.3%，前值49，已经2个月回升，经济企稳回升迹象开始出现，对股票市场产生正面影响，属利好消息，随着一系列稳定经济的政策出台，包括民营经济31条、房地产政策调整、促进平台经济健康发展、积极的财政政策和稳健的货币政策发力、国家发展改革委"三个一批"等一系列政策渐渐发挥作用，加上后续政策和储备政策的作用下，经济企稳回升概率很高，助推中国优质资产牛市的出现。

（2023年8月8日）

2024年2月—10月股市观点摘录

李大霄投资战略（第三版）

加强对散户的投资者教育

从近期中国股市核心资产估值水平来看，银行指数为 5.0 倍 PE，红利指数为 5.9 倍 PE，央企指数为 8.4 倍 PE，恒生指数为 7.7 倍 PE，其中最优质部分资产慢慢变得相对吸引。就算宽基指数，上证 50 指数为 9.3 倍 PE，沪深 300 指数为 10.6 倍 PE，也渐渐趋向吸引的区域。最优质最低估最优秀的龙头股作为稳定市场抓手的基础条件是存在的，这是客观事实，是中国股市信心的基础。

最近一系列政策，像央企市值考核、降准降息、长期资金入市、以投资者为本、让投资者得到回报、提升散户地位、保护散户等皆是稳定中国资本市场的有效举措。希望再加大一点力度稳定市场。稳定市场是有方法和路径的，现在开始步入了一个正确的方向。希望往这个方向加力。

除了央企出手，优秀的国企和民营企业也应该行动起来。有实力的机构除了要坚决出手增持和回购，没有实力者起码不减持，就算减持也要选择时机，就算承诺减持价格也是一种护盘。要时刻想到接手盘可是大量的散户朋友。要时刻心怀善意。

但要承认的是，市场中仍然存在着不少高估的资产，这是市场风险的来源。

散户朋友在投资时要冷静。若是 30 年至 50 年不用且在自己能够承受范围之内的余钱，经过长时间深思熟虑之后，在历史低位慢慢淡

第五部分　我眼中的大势（2007—2024）

定地下手也不迟。而且选最低估、最优质、最有前景、最好的资产，这样就能更加久远。

购买股票要在历史低位，千万不要在历史高位的山顶，乘搭热气球的高度去追买股票。很多散户朋友前段时间以溢价24%相当于45000点以上追涨日经指数，以溢价13%相当于83000点追买印度股指，以溢价42.6%追涨美国50ETF，相当于55000点追买道指。风险或已经明显出现。

由于散户朋友的认知有限，需要长时间大量的投资者教育工作，呼吁应该在国民教育里面加上对投资与证券知识的基本教育，这属于财商教育的一部分，对于提升基本能力很重要。大家对证券市场认识都不太够，因为在这个市场上，很多人用毕生积累的财富，就因为缺乏知识购买了高估五类股票而消耗掉了，有了这样的基本教育，其实这种情况是可以避免的。

先要让市场稳定下来，再让散户朋友慢慢学习、理解，再进行调整，也是很重要的。市场需要稳定，稳定市场，人人有责，特别是有实力的机构投资者，这是市场参与各方利益最大化的共同目标取向。

（2024年2月1日）

李大霄投资战略（第三版）

稳定市场刻不容缓

稳定市场的工作刻不容缓，若在节前实施则意义重大，理由如下：

一是国内证券市场有2.1亿股票投资者，7亿基金投资者，涉及千家万户，节前市场稳定利于营造欢乐祥和的春节气氛，这是很现实的需求。

二是2024年2月2日A股上证指数下探至2666.33点的极端低位后猛烈回拉，由于之前下跌速度过快幅度过大，市场技术层面也容易形成反弹走势。相比抵抗型下跌，急跌之后的反弹更加容易出现，抄底资金的力量不容忽视，技术上反弹的可能性在增加。

三是2024年2月4日晚间监管部门表示"要深入排查违法违规线索，依法严厉打击操纵市场、恶意做空、内幕交易、欺诈发行等重大违法行为"。这在以往政策消息发布中比较少见，对空头的警告比较严厉。从中外股市历史经验来看，对空方的制约是稳定市场的利器。

四是"鼓励和支持各类投资机构加大逆周期布局，引导更多中长期资金入市"是行之有效的正向措施，方向是对的，建议加大相关政策力度。

五是诸如央企市值考核、降准降息、长期资金入市、以投资者为本、保护散户等皆是有利于中国资本市场稳定的举措，需要加大相关政策力度。监管部门也表示"认真倾听广大投资者的声音，及时回应

第五部分　我眼中的大势（2007—2024）

投资者关切，保护投资者合法权益"。这将是个好的开始。

六是中国优质资产估值吸引力已经出现。截止到 2024 年 2 月 2 日，银行指数、央企指数、红利指数、上证 50 指数、沪深 300 指数和恒生指数的市盈率分别为 5.0 倍、8.3 倍、5.9 倍、9.2 倍、10.5 倍和 7.7 倍。随着 A 股和港股市场的调整，其中最低估最核心最优质的资产或已渐渐显现投资吸引力。上证 50ETF 和沪深 300ETF 年内出现了资金流入的迹象，银行指数、央企指数和红利指数年内分别上涨 5.76%、2.71% 和 3.9%。在市场一片悲观绝望之中，内资大主力大部队或已潜伏其中。近期外资已经连续 4 天净买入。而散户很少持有这类核心资产，故感受有限。

七是稳定市场很重要。稳定市场人人有责，特别是有实力的机构投资者，这是市场参与各方利益最大化的共同目标取向。散户投资者风险承受能力有限，而只有市场稳定才能保护散户，他们是中国股市最宝贵的财富。

八是一二级市场平衡的努力持续推进。长期资金入市的渠道已经打通。汇金公司、社保基金、养老金、保险资金带头入市，央企、国企、民企相继发力增持和回购。预计后市上市公司股票回购和重要股东净增持力度有望增加，并有机会取得平衡。2024 年 1 月在上市公司股票回购和上市公司重要股东净增持方面已经有超百亿资金净流入。后期，这类系统性风险或将转化为结构性风险，甚至趋于到达一二级市场均衡。优质资产或已经率先到达均衡，预计未来稳市场措施更利多优质资产。

九是国内经济基础雄厚。从长期来看，我国具备优质的教育水平，充足的工程师红利、完整的产业链、庞大的产能潜力，10 年来占全球经济增长贡献超 38%。随着我国全球化步伐不断加快，人民币国际化步伐坚定不移，我国对全球经济增长的贡献还有望持续增加。

十是政策仍起到重要作用，无论是中国股市的过去，抑或是现在。当然，股票市场风险巨大，不确定因素太多，还要多方考虑。

（2024年2月5日）

第五部分　我眼中的大势（2007—2024）

股债配置比例纠偏或已开始

2024年2月5日，中债10年到期收益率创下了2.4002%的低点。这是2002年4月15日以来的新低。2月4日中债50年到期收益率亦创下2.7064%的历史新低。

2024年2月5日，A股上证指数创下2635点，这是2019年2月11日以来新低。截止到2024年2月5日，银行指数、央企指数、红利指数、上证50指数、沪深300指数和恒生指数的市盈率分别为5.1倍、8.4倍、6倍、9.4倍、10.6倍和7.7倍。最低估最核心最优质的资产或已渐渐显现投资吸引力。此外，股债差也已经到达历史高位区域。

公募基金公司的资产高达28万亿元，规模已经创历史新高，但股票型基金规模也仅有2.63万亿元。重债轻股现象已达极致。越来越多的资金涌入债市，迫使长债收益率创出历史新低。

2024年2月6日，经过管理层两日内13道金牌，终于扭转了空头惯性。恒生指数涨4.04%，恒生科技指数涨6.75%，上证指数收涨3.23%，深圳成指上涨6.22%。A股市场涨跌比例为3824∶1464，跌停161家，改变了2月5日千股跌停的局面，恢复了市场流动性。巨大的股债差有望收敛。

每当股市出现明显的非理性下跌时，强力的避险情绪使得大众和机构的投资更趋保守，重债轻股由此产生；而当股市狂热的时候，重股轻债则会出现，这些都是非理性行为的表现。

当股市低位出现的时候，重债轻股现象到达极致，股债差达到历史高位区，而这时继续弃股追债的行为往往是错误的。历史经验证明，投资市场中正确的往往是少部分人。

而在股市顶部的时候，往往重股轻债现象也会到达极致，股债差降至历史低位区，弃债追股行为往往也是错误的。

目前，汇金公司与限制空方力量等介入，政策力量将起到重要作用，这是市场最基本的认知和理解。稳定市场是有可能的，有能力的，有基础的和有条件的。

以上观点供各位读者思考。当然前提是股票资产配置比例要与投资者自身的风险承受能力相适应，股票配置的上限只能是余钱。在余钱好股、量力而为、远离杠杆、理性投资、价值投资的基础之上，投资者应该先尝试购买基金，在获取相关投资经验并能取得较好投资收益的情况下才可考虑购买股票。要谨遵"做好人、买好股、得好报"的投资原则。

股票投资确实风险巨大，成功者皆为少数，故非劝谕任何人购买股票，只是说明若投资人要配置股票的最佳时机在股债差的历史高位而不在历史低位，只不过绝大部分人恰恰相反。

（2024年2月7日）

第五部分　我眼中的大势（2007—2024）

中国股市长远健康发展的九个建议

2024年2月7日，吴清履新证监会第十任主席。作为首位证监系统出身的证监会主席，吴清的履新备受市场关注和期待。

笔者提出中国股市长远健康稳定发展的九个建议。

第一个建议是将保护散户落到实处。中国股市有2.1亿股票投资者，7亿基金投资者，涉及千家万户，他们是中国股市最大的贡献者，是中国股市过去、现在和未来的主体，只有坚定不移地爱护散户、捍卫散户、保卫散户，让散户赚，才是中国股市长远健康稳定发展的基础。

第二个建议是保护投资者利益特别是中小投资者利益。保持投资者利益与融资者利益的平衡是关键。中国股市在成立之初，其初衷是为企业解困服务。但经过30多年的发展，A股已经成为全球第二大证券市场，应该到投融资平衡、开始重视投资者利益的新阶段。这是中国股市长远健康稳定发展最基本的前提。

第三个建议是保持一二级市场平衡。保持一级市场与二级市场平衡是市场稳定的基础。重一级市场融资，轻二级市场持续发展，虚高的一级市场向二级市场源源不绝输入泡沫，这是问题的根源。有效改变一二级市场的本末倒置是国内资本市场健康稳定发展的基础。

第四个建议是大力引入长期资金。用引资速度设计融资速度，引

李大霄投资战略（第三版）

资速度大于融资速度，市场就会上涨，等于就不涨不跌，小于则下跌。保持引资速度大于或等于融资速度，用引资速度来设计融资速度，而不是相反，这是市场稳定的基本假设。

第五个建议是正确配置资源。提升上市公司质量，弘扬股东文化，树立以回报投资者为己任的价值观，唾弃以侵害中小投资者利益为荣的歪风邪气，建立起一个奖优罚劣的市场机制，斩断割韭菜的利益链条，弘扬正确的投资观、价值观，让资源配置正确而非错配，这是股票市场实现服务实体经济的关键。

第六个建议是建立一个真正对散户公平的评价体系。当下，急需改变基金赚钱而基金持有者不赚的局面，急需改变股票上蹿下跳而股东特别是小股东不赚的局面。让所有基金持有者和股东特别是小股东赚钱，应该成为最关键的评价指标。这个评价体系会从根本改变损害散户利益的种种行为。树立起一个让散户赚钱为荣的新评价体系，非常重要。任何将市场主体赚钱排除在外的评价体系皆是虚无。

第七个建议是维护市场公开、公平、公正。把所有上市公司和投资机构损害散户利益的行为暴露在阳光之下，使得中国股市能够真正实现服务实体经济的功能，进而推动中国经济长远健康稳定发展。

第八个建议是将证券知识教育纳入国民教育。呼吁在国民基础教育中纳入投资者教育的内容，普及证券投资知识、提高风险意识。应该把投资者教育纳入中小学、高等院校、职业学校等各级各类学校的课程设置，中小学可以普及金融知识教材，大学则作为必修课程。树立正确的投资理财观念，避免下一代重蹈覆辙。

第九个建议是为散户正名并建立救助机制。投资者保护基金应该发展壮大并发挥其作用。中国广大投资者为中国股市的建立、成长、

第五部分　我眼中的大势（2007—2024）

发展做出了不可磨灭的贡献，是当之无愧的功臣。当他们遇到重大困难的时候，应该给予他们必要的帮助和救助，这对社会稳定和谐发展非常有益。

（2024年2月18日）

A股迎来好兆头

2024年2月19日，上证指数大涨1.56%，喜迎龙年开门红。如算上节前反弹，市场已形成四连阳，一改兔年颓势。大盘收复2900点，个股涨跌比例为4253∶1036，只有3家跌停，连续跌停流动性缺失的风险初步解除。后市上证指数将迎接60日均线的挑战，但前期急速下跌的风险已缓解。

在强有力的救市措施组合拳作用下，市场稳定下来并有望步入相对稳定阶段，然而整体稳定阶段不等于股价结构调整不再继续。

当前，恒生指数已回到26年前，上证指数也回到17年前，股票市场的波动是巨大的。投资者需要有强大的心理准备以及30年以上的时间准备才会相对安全。当然，这一切的前提皆是好股票。

没有一个冬天不会过去，也没有一个春天不会到来。在最寒冷的冬天敢于逆向布局优质资产者将会在未来取得先机。

（2024年2月19日）

第五部分　我眼中的大势（2007—2024）

最小散户的声音值得高度重视！

在 2024 年 2 月 19 日下午，管理层率队前往银河证券金融街营业部，与十多名个人投资者代表进行了座谈交流。据了解，此次座谈对象均是营业部客户，且谈了不短的时间。

此举向市场释放出积极的信号，并表达了发现问题、解决问题的态度和决心，传递出倾听个人投资者声音的明确信号。从专家学者座谈会到营业部的个人投资者，说明管理层关心的面开始扩展。每次调研会都能够提出一些问题，能够解决部分问题。建议选出更多的散户代表，中国股市有 2.1 亿股票投资者，7 亿基金投资者，涉及千家万户，若能够多一些倾听他们的声音，中国股市何愁不好？

（2024 年 2 月 20 日）

恶意做空者要小心了

市场是开放的，并没有只限于主力购买。只不过在其低估的时候，在空头大肆渲染悲观和绝望之中，大部分投资者不屑于购买而已。在不远的将来，待这些资产有幸成为市场热点的时候，在其价格高高在上的时候，大部分投资者才会蜂拥而至。一场财富大转移就此发生。

这次行情上涨得到了港股的配合，并非 A 股单兵突进。先救港股的思路是正确的，建议增加一项研究减免港股通红利税的提案。用非常少的税收成本激活港股并助力提振 A 股，这项改革或会立竿见影。

在面临外部不确定性的环境下，因为存在 A/H 的明显溢价，先活跃港股进而助力 A 股从逻辑上是正确的。最近做空中国的一众产品也出现了大幅下跌，结合外资从大幅流出转流入，也许存在外资空翻多的可能性。要牢记巴菲特先生教诲，任何试图通过做空自己的祖国来赚钱都是徒劳的。提醒国人在购买此类空头产品时要注意风险管理。风向也许变了。恶意做空者要小心了。

特别需要说明的是，笔者仅仅看好最低估最优质最优秀的核心资产，只有最好的股票才能略微降低一些风险，略微增加一些收益机会。投资者要独立思考、独立决策、独立承担风险和收益。

（2024 年 2 月 21 日）

第五部分 我眼中的大势（2007—2024）

中国股市罕见 7 连阳

大盘罕见收出 7 连阳，创三年半以来最长的连涨纪录，与年前 7 连阴形成完美对称。巴菲特先生说任何人都不能通过做空自己的祖国来赚钱，之前中国股市悲观之风太盛，看空唱空做空掏空者众，在市场陷入极端失衡的时候，必须用足够数量的连阳才能改变悲观预期，因为很多空头不看估值只奉行"一根阳线改变信仰"。那么，七根阳线可能会促使最顽固的空头开始怀疑人生。或许上证指数上穿 3000 点之后空翻多会逐渐出现。

股票投资还是要遵循低买高卖的原则，股票投资低吸比追高成本要低。更多的人奉行"右侧"交易，尤其是很多人在"右侧"开始时胆小，"右侧"顶部时胆大。这是通病，得改。切记建仓一定要在低位。当然只建仓最好的股票。

年前的悲观虽然不敢说一扫而空，起码从情绪上开始转暖了。经济情况还是同样的，股票还是那些股票，3000 点还是 3000 点，只是极少部分人市值多了，大部分人市值少了。

发自内心地恭喜市值增加的人，说明他们也许买对了，并且买到了好股票，而且在最困难的时候付出了巨大的勇气和无人能及的坚毅，初步具备泰山压顶不变色的本领。

对于市值少了的，可能是买错了，而且在最困难的时候不够有勇气和毅力，不够坚韧，还未具备泰山压顶不变色的本领。要认真总结经验，争取下次可以多些。只不过愿意认真内省总结经验并愿意持续改进的人，其实不会太多。大部分人都喜欢将市值减少迁怒于股评和他人，这并不利于自身提升。

还有一种市值少了的情况是彻底搞反了。前期做空核心资产做多微盘股的策略大行其道，造成核心资产下地而微盘股上天。其实是彻底搞反了。这次是对其错误进行总清算。

中国股市投机之风也许永远也不会消失，但真正能够经受终极考验的，也许只有"好人好股好报"。

（2024年2月22日）

第五部分　我眼中的大势（2007—2024）

九个重要变化预示中国股市将步入全新发展阶段

在一系列强有力的政策措施干预之下，市场得到初步稳定。经过激烈波动之后的市场，存在着九个重要变化。

一是市场的板块结构分化明显。截止到 2024 年 2 月 22 日 12：00 时，年内银行指数涨 12.34%，央企指数涨 9.56%，红利指数涨 12.67%，上证 50 指数涨 3.99%，沪深 300 指数涨 1.04%，恒生指数跌 3.05%。微盘股指数跌 29.92%，中证 2000 指数跌 21.12%，最小市值指数跌 19.93%。在这么短的时间内，如此激烈的分化或是 A 股历史罕见。也可能预示着中国股市将告别混沌步入一个全新阶段。激烈的板块分化值得市场参与者好好研究深入思考。

二是投资者感受差异巨大。有很多人抱怨说指数回来了，自己的钱没有回来，其原因就在于没有买到好股票。而极少部分人市值持续创新高，其密码是他们抱着好股票。成功者的特征就是不断自省而永远不会抱怨他人。

三是 3 天 52 家沪市公司推出回购增持计划。上市公司的回购是市场稳定的重要力量。加上之前已经公布的计划，稳定市场的力量在持续增加。这些回购计划的上市公司与减持者形成鲜明的反差，一个助力大盘上行，一个助力大盘下跌。只不过大部分人都喜欢减持的而不喜欢增持的公司。账户市值下降的原因也许是搞反了，反之就是搞对了。可惜搞对的暂时是少数。

四是外资态度发生了 180 度的变化。近 6 个月北向资金共流出 1212 亿元，但本月流入 282 亿元，实现了大逆转。其动向值得高度重视。

外资由于资金量巨大，对中国经济中国股市的态度"变脸"非常快，对市场影响较大。其实中国基本面和中国股市内在价值变动并没有外资的判断那么大，怎么样应对外资的下一次快速"变脸"是市场稳定的重要课题。建议设计一个机制，专门应对和防范外资下次快速"变脸"，避免重蹈覆辙。

五是结构性产品风险暴露对市场的影响渐渐缓和。这次加大市场波动是一些结构性产品的风险暴露，随着部分产品出清或者部分出清，管理力度跟上之后，对市场的影响开始减少。

六是融资融券余额从低位回升超百亿元。特别需要提醒的是，建议幸存者今后使用杠杆还是要非常谨慎，还需降杠杆，因为春节前或已接近杠杆风险暴露的极限，这也是建议要将稳定市场工作提前在节前进行的重要原因。要吸取 2016 年的经验教训，再不可重蹈覆辙。建议投资者高度重视，远离杠杆方能够实现幸福美好人生。

七是年内逾 3500 亿资金借道 ETF 入市。大量有实力有长远眼光的资金借道 ETF 悄无声息地进入市场，一场筹码大转移事实在发生。低位投降者必然会在未来的高位奋勇接盘，一场财富大转移就此出现，当然仅限余钱好股。只有拥抱最低估最优秀最有发展潜力最优质的蓝筹龙头股，远离高估的五类股票，方能够实现幸福美好人生。皆因大部分人还没有办法分辨好股票，先通过 ETF 入场，毕业之后才直接下场购买股票，也不失为一种好方法。

八是从长期来看，我们仍然具备优质的教育水平，充足的工程师红利、完整的产业链、庞大的产能潜力，我国经济 10 年来占全球经济增长贡献超38%，随着我国全球化步伐不断加快，人民币国际化步伐坚定不移，我国对全球经济增长的贡献还有望持续增加。

九是长期资金入市的渠道已经打通。随着汇金公司、社保基金、养老金、保险资金带头入市，央企、国企市值管理正在进行，管理层正在积极倾听市场意见，其促进一二级市场平衡发展的努力有望实现，活跃资本市场、提振投资者信心的政策最终会取得进展。呼吁多年"以投资者为本"的理念正在得到越来越多的重视，我坚定地认为，只有保护散户、爱护散户、捍卫散户、让散户赚才是中国股市健康稳定发展的最终出路。

（2024年2月22日）

李大霄投资战略（第三版）

以"投资者为本"，中国股市才有希望

长期呼吁的"以投资者为本"的理念终于得到重视，若能够真正落实，以此为标志，中国股市或渐渐步入投资的新阶段。

股票市场既要考虑融资者的利益，也要考虑投资者的利益，才能持续。投资者单方面长期奉献是不可持续的，只有保持投融资平衡才能够持续，现在应该到了重视投资者利益特别是中小投资者利益的阶段。

中国股市当下也逐渐在局部具备了"以投资者为本"的客观条件。经过了34年的结构调整，中国股市中部分大盘蓝筹股的泡沫终于得到消化，其估值水平从极端高估变为相对低估。更加重要的是，中国股市经过漫长岁月沉淀，新股熬成了老股，新股泡沫经过漫漫熊途逐渐化解了。这个时候，"以投资者为本"理念就有了部分实施的市场条件。

实施"以投资者为本"的上市公司外部条件慢慢成熟。随着中特估的理论横空出世，特别是建议已久的央企市值管理融冰之旅启程，驱使央企提升分红、增加股票回购、加大员工持股比例等市值管理举措，被众人抛弃的优质资产有望在未来的岁月中熠熠生辉。在央企率先带领之下，国企和部分优秀的民企估计也会不甘落后，一场轰轰烈烈的市值保卫战会在优质企业中率先打响，中国股市优质资产扬眉吐气并非奢望。极少部分持有优质资产的投资者的获得感会越来越强。

第五部分　我眼中的大势（2007—2024）

被众人抛弃的优质资产会在未来可能上涨过程中得到越来越多投资者的重视。

经过 34 年的发展，中国股市首次回归到"以投资者为本"的思路，是一个回归本源的过程，需要管理层推动、上市公司执行、投资者配合，三方面同时进行才能实施。投资者本身也要坚持拥抱优质资产，使得宝贵的资源配置在最优质的上市公司身上，从而使自己得到丰厚的回报。越优质的公司得到的资源越多，越劣质的上市公司得到的资源越少，甚至为零，这才是一个良性循环。

中国股市只有开始树立"以投资者为本"的正确理念，中国股市才开始有了希望，投资者利益才能得到保护。

随着汇金公司、社保基金、养老金、保险资金、企业年金、证金公司、银行理财资金、公募基金、私募基金、外资、上市公司大股东、高管、员工持股计划等有实力的资金入市和准备入市，将有效提升投资者的实力，散户朋友只要及时跟随之，及时站对队，或可以有效改变之前散户投资者极度弱势的地位。

（2024 年 2 月 25 日）

继续保持一二级市场平衡，股市何愁不好？

龙年A股第一个交易周，无新股上市。龙年第二个交易周，预计既无新股申购，也无新股上市的情况。自2023年8月27日证监会提出"阶段性收紧IPO节奏"以来，首次出现整个交易周无新股上市、无新股申购的情况。管理层保持一二级市场平衡的努力，还是比较坚决的。

从资金的需求端来看，若单周IPO和再融资规模大，市场大概率就会下跌，若单周IPO和再融资规模小，市场的压力就会减轻。从资金供给端来看，若上市公司回购和大股东们的增持力量加大，该上市公司股价就会涨，而当越来越多的上市公司启动股票回购，整个市场上涨的动力就会加强。若整个市场上市公司股票回购和上市公司重要股东净增持力量大于整个融资速度总和的时候，市场的上涨就水到渠成了。

2024年1月上市公司股票回购和上市公司重要股东净增持合计出现净流入资金超160亿元，这是时隔多年以来首次出现，是2月超级大阳线的原动力。当然，还有强力的利多政策和其他各路资金的综合正面效应。

俗话说，众人拾柴火焰高。外资本月流入328亿元，而前6月流出1049亿元。从大幅流出迅速转为大幅流入，空头外资已经彻底改变了，可惜很多国内唱空者还在执迷不悟。

第五部分　我眼中的大势（2007—2024）

当然要求 IPO 长期为零是不切实际的，只要坚持用引资速度来设计融资速度，市场稳定仍然可以期待，市场稳定才能谈发展，才能实现"以投资者为本"，才能谈保护散户。

当下我们面临着资产荒的客观现实，股债差也处于历史高位区，资产配置的需求十分强烈，只是缺乏政策力量的总动员。待入市的后备力量非常强大，值得从政策层面上大力推动和进行战略总动员。

散户投资者也要做出根本改变，要能够保护自己，要做好人买好股才能得好报。

（2024 年 2 月 26 日）

李大霄投资战略（第三版）

中国股市优质资产融冰之旅或启程

截至 2024 年 2 月 26 日，年内已经有超 3200 亿元资金涌入 ETF 市场，这个趋势值得高度重视。而相关资产重心上行产生的获利效应会吸引更多的资金涌入，良性循环就产生了，越来越多的初期恐高者将会在被轧空之后奋勇追进。

这背后的原因是什么？主要源于资产荒的影响。目前，楼市萎靡不振，银行利率水平越来越低。截止到 2024 年 2 月 26 日，50 年中债到期收益率为 2.6954%，创出历史新低，与优质上市公司的股息率差距越来越大，大量资金涌入持有优质股份的部分 ETF 基金，进而赚取股息并获得资产增值。

当市场趋稳，优质资产往往率先企稳回升，其巨大股债差优势显现出来，吸引越来越多的长期资金流入。

中国股市成立 34 年以来，大部分时间都在资金荒的环境运行。比如国债收益率奇高、银行利率高企、楼市回报丰厚、理财产品信托高回报、层出不穷的 P2P 等，其收益率都比股票的股息要高。这造成了股票市场投资吸引力不高，投资者普遍忽视股息回报，进而喜欢追逐炒股价差回报。

当所有高回报渠道消失殆尽，目前的资产荒变得异常强烈，社会融资成本下降，极低利率环境出现，中国股票市场的投资回报吸引力就大幅提升。通过投资优质股票资产获取相对较高的股息和资产增值

第五部分　我眼中的大势（2007—2024）

回报成为长期资金的配置需求，或将带来居民资产配置的大变动，值得市场每一个参与者研究。

当前，部分优质上市公司对其股价的态度也发生改变。今年以来，444家上市公司获得重要股东增持，越来越多的上市公司大股东及董监高拿出"真金白银"增持自己公司股票，传递出对公司长期投资价值的认可以及对公司未来发展的信心。当然，有关部门也在积极鼓励和引导更多上市公司重要股东增持，以稳定和提振股价，维护股东权益，夯实市场平稳运行基础。笔者建议员工持股计划也要加速推出，回购的力度也要加大。

在中国股市优质资产价格偏低时，应该从战略高度大力推动长期资金入市的工作。

总的来说，中国股市在大幅波动后有望相对稳定。在明显的资产荒和巨大的股债差的驱动之下，随着中国经济逐渐恢复，长期资金入市徐徐展开，中国股市最优质资产的融冰之旅或刚刚启程。

一是我国稳定经济的力量慢慢加大。2024年，国内经济发展坚持稳中求进、以进促稳、先立后破的原则，有利于经济稳定的政策在持续推出，不利于稳定经济的政策逐步减少，宏观政策取向一致，并营造出稳定透明可预期的政策环境，全力拼经济的气氛逐渐升温。国际机构也纷纷调高我国的经济增长预期。

二是稳定股市政策慢慢发挥作用。在"提振投资者信心、活跃资本市场"的系列政策之下，经过半年时间的努力，终于形成稳定市场的合力，并促使市场逆转。特别是大量政策性资金入市，今年以来通过ETF入市超3500亿元，有力地压制住空方的气焰，稳住了市场。加大力度削弱空方力量和增强多方力量，是稳定市场的关键。

三是美联储渐渐步入下行周期，人民币已取代日元成为全球第四大货币。随着人民币国际化速度加快，外资态度出现了逆转，从看空唱空做空转为看多唱多做多。外资的大量流出转为流入，其方向出现了180度的逆转。外资强烈空翻多是大盘重新站上3000点很重要的原因。

四是中国资产投资吸引力增大。随着美股、欧股、日股等不断创出历史新高或者相继走强，其估值水平渐渐高企，而中国资产在全球渐渐成为重要价值洼地，其吸引力大幅提升。

截止到2024年2月29日，银行指数、央企指数、红利指数、上证50指数，沪深300指数和恒生指数的市盈率分别为5.2倍，8.7倍、6.2倍、9.9倍、11.4倍和8.3倍，其中最低估最核心最优质的资产或已渐渐显现吸引力。此外，国内资本市场股债差也已经到达历史高位区域。

五是我国经济基础雄厚。从长期来看，我国仍具备优质的教育水平、充足的工程师红利、完整的产业链、庞大的产能潜力。随着经济全球化步伐不断加快，人民币国际化步伐不断推进，我国对全球经济增长的贡献有望持续增加。

六是长期资金入市的渠道已经打通。汇金公司、社保基金、养老金、保险资金带头入市，央企、国企市值管理稳步推进，管理层更加积极倾听市场意见，促进一二级市场平衡发展的努力有望实现。"以投资者为本"的理念正在得到越来越多的重视。保护散户、爱护散户、捍卫散户、让散户赚才是中国股市健康稳定发展的最终出路。

（2024年2月26日）

第五部分　我眼中的大势（2007—2024）

收复 3000 点，价值回归刚刚开始

上证指数收复 3000 点，其中板块结构、投资者队伍、资金来源和性质、市场风格等可能发生较大变化。

截止到 2024 年 2 月 29 日，今年以来上证指数涨 1.35%，上证 50 指数涨 3.74%，沪深 300 指数上涨 2.48%，银行指数涨 10.94%，央企指数涨 9.26%，红利指数涨 11.39%，但最小市值指数却跌 15.24%，微盘股指数跌 24.91%，中证 2000 指数跌 16.25%，国证 2000 指数跌 12.97%，各大板块行情明显分化。

从击穿 3000 点到恢复 3000 点，只有 14% 的股票收复了原来的价格，86% 还没有。2024 年以来，通过买入 ETF 基金而流入市场资金约为 3500 亿元，外资本月进场 607 亿元。这些入市资金或与上涨的资产相关度更高，与下跌资产相关度低。即使相关或也只是在市场低位的短期行为。

再则，大机构和外资本身都有盈利要求，入市目的是盈利并不是来做奉献。这一点要充分理解。

近段时间，上市公司回购、大股东高管增持、员工持股等大量出现，这些现象或发生在好股票上。要回报投资者，大概率也是好股票被回购增持。

大部分人都赞同找对象要找好人，但买股票时不理解要买好股票。要培育股权文化，买者也有责任。股票市场中投资者寡，投机者众；

短线者众，长线者寡。

若是有缘人要及时适应这种变化。若与好股票站在一起，与价值投资者、长期投资者站在一起，与成功者为伍而不是相反，也许成功概率要大一点。

长期资金入市的渠道已经打通，管理层促进一二级市场平衡发展的努力有望实现，活跃资本市场，提振投资者信心的政策最终会取得进展，"以投资者为本"的理念正在得到越来越多的重视。只有保护散户、爱护散户、捍卫散户、让散户赚才是中国股市健康稳定发展的最终出路。

（2024年3月1日）

第五部分　我眼中的大势（2007—2024）

谈谈"火场论"

某市场人士提出的"火场论"本是善意，但受到市场大面积围攻，攻击者的理由有六个，以下逐一进行分析：

一是任何大股票，都是由小股票发展而成，还列举了特斯拉的例子，由此说明小股票值得投资，这个理由乍一看好像成立，却经不起推敲，是典型的幸存者偏差。

二是因为持有者拥有小股票而对其围攻。这个游戏的盈利模式是卖给比自己更加冲动的第二个接盘者。若去将第二个接盘者劝退，不围攻您围攻谁呢？

三是过去 34 年以来，这个游戏都是如此进行的，为什么从今天开始，就会改变呢？股票市场供求关系已经发生了彻底的变化，对外开放力度越来越大，投资者的选择面越来越广，当下的市场已经由封闭转为开放，游戏条件已经彻底改变了，供不应求阶段已经变为供求平衡，甚至还有可能进一步变化，市场条件已经发生根本变化。

四是这个游戏以不明就里的接盘者作为盈利来源。当保护投资者力度加强之后，游戏中的相关规则可能要发生改变。环境条件变了使得相应股票估值水平回归应有价值的速度在加快。

五是这个市场的盈利者仅占极少部分，也许只有这部分人的认知才相对接近客观与真实，只可惜股票市场长期盈利是基于正确而不是基于人数多寡。

六是即使巴菲特和芒格先生，亦曾经遭受自以为是的投资人嘲讽和围攻，说巴菲特的理论不适合中国，从这就能够深刻理解围攻者罔顾客观事实只认自己眼前利益。

（2024年3月1日）

第五部分　我眼中的大势（2007—2024）

供求关系出现逆转是二月超级大阳线基础

　　Wind 数据显示，截至 2024 年 3 月 3 日，含撤回、被否、注册终止在内，2024 年以来已有 57 家企业 IPO 项目折戟。分板块看，北交所有 19 家企业终止 IPO，较去年同期的 10 家增长了 90%。沪深两市也分别有 19 家企业终止 IPO，其中上证主板 11 家，科创板 8 家，深证主板 3 家，创业板 16 家。

　　管理层加强了 IPO 的审核力度，这对提升上市公司质量，保护投资者利益，维持市场稳定具有重要作用。这也是调节市场的重要手段和抓手，非常有效。若能够继续保持调控力度，对市场下一步走势也有正面作用，上周零申购零上市对市场信心恢复作用很大。

　　除了控制 IPO 速度之外，上市公司增持和回购力度也要继续加大，市场的稳定才能继续实现。2024 年 2 月 A 股上证指数 8.13% 的超级大阳线，与上市公司股票回购及大小非股东净增持市值合计 227.27 亿元的助力密不可分，也与 2024 年来通过购买 ETF 基金流入 A 股的 3500 亿元增量资金密不可分，与外资流入 607 亿元密不可分。这是内外合力的结果。

　　下一步，若能够加大力度实施"以投资者为本"的政策导向，真正落实加大分红、回购、员工持股、市值管理等有利于投资者的政策举措，投资者的信心就可能会继续提升。此外，还建议加大政策落实与投资者保护力度。

股票市场中的优胜劣汰要比现实生活中还要激烈。要明白这个竞赛的道理，充分评估自己的投资经验水平，量力而为。

作为散户投资者本身，也要清楚明白，救市措施只是特殊时期的特殊举措，并不能长期使用。在市场转入稳定之后，只能自己救自己。只有最好的股票，才能把投资者从困境中救出来。巴菲特先生教导我们，要与最优秀的人站在一起，就是这个道理。

什么是好的上市公司？好的上市公司的一个重要前提，是要以回报投资者为己任。对于损害投资者利益的上市公司，投资者一定要远离之，才能避免风险。巴菲特说你不可能与坏人达成一个好交易，就是这个道理。但是现实中大部分人对坏人的警惕性不高。

建议管理层加大 IPO 的审核力度，提升上市公司质量，保护投资者利益。但是散户投资也要清楚明白一个简单的逻辑，就算 IPO 再严格，当下超 5000 家上市公司，最低估最优质最优秀的股票只占少数，甚至是极少数。上市公司之间优胜劣汰的速度在加快，竞争是异常激烈的。

投资者之间的竞争就更加激烈，而成功者同样是少数。认同余钱投资理性投资价值投资的投资者，认同"做好人买好股得好报"的投资者，也许机会更大一点。

（2024 年 3 月 4 日）

第五部分　我眼中的大势（2007—2024）

重视回报投资者是重大进步！

2024年3月4日，全国人大代表、深圳证券交易所理事长沙雁在广东代表团驻地接受记者采访时表示，今年准备提交的建议主要关注加大打击违法违规行为力度，促进形成立体化追责体系，以及坚持以投资者为本，增强资本市场内生动力和内在稳定性。关于进一步提升上市公司质量，沙雁表示，近期深交所启动了"质量回报双提升"专项行动，已经走访88家公司，接下来还将继续走访十几家公司。专项行动的核心是提升上市公司的内生质量，增强公司核心竞争力。同时，深交所将积极引导上市公司回报投资者，扩大分红力度，增强上市公司回报投资者的意识，这些举措都会提升整个市场的内在稳定性。

深圳证券交易所的方向是正确的。提升上市公司质量，是回报投资者的基础。以投资者为本是一个大进步，推动和引导上市公司回报投资者非常重要。建议建立以回报投资者为荣、损害投资利益为耻的奖罚机制：一是对积极回报投资者的上市公司要加以标注，以方便投资者区别；二是交易制度设计上要有区别；三是在行政审批、融资便利、业务处理速度上要有所区别；四是从指数设计、衍生品设计、交易限制等方面加以区别。

上市公司回报投资者应该有很多措施，如加大分红力度、加大回购和增持力度、员工持股计划、市值管理、投资者关系管理等。是股东至上还是漠视股东？特别是对待散户，是让散户赚还是赚散户？这是完全不一样的立场和操盘思路。好的上市公司是前者，反之是后者。若越来越多的上市公司最终的目的是让散户投资者赚而不是相反，中国股市何愁不好？

  监管部门开始重视回报投资者，是一个重大进步。但不可否认的事实是，当下还需要大力提升回报投资者的意识。现实与理想还有距离，在34年之后才重提这个最基本的要求。在整体要求达到之前，散户投资者本身也要与重视投资者回报的最优质上市公司为伍，才可能有相对较好的回报，早日脱离"韭菜"的队伍，才能早日昂首挺胸迈进成功者队伍。

  当然，这需要时间，需要悟性。

（2024年3月5日）

第五部分　我眼中的大势（2007—2024）

中国股市首提增强资本市场内在稳定性

在2024年的政府工作报告中首次提出增强资本市场内在稳定性，这是一个很重要的政策信号，明确股市政策态度以及稳定股市的工作要求。中国股市有望步入相对稳定的发展阶段。

稳定市场的关键是保持一二级市场的平衡。2024年初以来，IPO速度放缓，上市公司的回购和增持的力度增加。回购及增持总量已经大于IPO、增发、减持的总量。2024年2月上市公司重要股东净增持及上市公司股票回购合计已经达到227.27亿元。若继续加大力度，市场自身的稳定力量就会加强。

大力引入长期资金是市场稳定的前提，今年以来增量资金通过ETF基金入市超3500亿元，3月沪深300ETF成交量大增或也说明这个趋势在延续。外资在2月净流入607亿元，改变了之前大量流出的局面。这是市场稳定的合力，后续还需要继续加大长期资金入市的力度。

保持投资利益与融资者利益的平衡，是市场稳定的关键。落实以投资为本的政策导向，加大投资者回报。引导上市公司加大分红，开展央企市值管理，鼓励上市公司回购以及大股东增持，积极推进员工持股计划等皆是有效手段。只要积极加大股市政策的落实力度，落实投资者回报，保护散户、爱护散户、捍卫散户、让散户赚，中国股市何愁不好呢？

（2024年3月5日）

第五部分　我眼中的大势（2007—2024）

对"铁公鸡"进行制约是重大进步！

2024年3月，监管部门负责人在答记者问时表示：近年来A股上市公司的分红状况应该说在持续改善，但是常年不分红的公司也不少，分红的稳定性、及时性、可预期性都还有待进一步提高，对多年不分红或者分红比例偏低的公司，将区分不同的情况采取硬措施，包括限制控股股东的减持，实施ST风险警示等等。推动有条件的公司一年多次分红，特别鼓励春节前分红，让大家欢欢喜喜过年。

这是一个正确的方向！让投资有回报，特别是让中小投资者逐渐树立购买股票除了博取差价之外还有机会获得红利回报的概念。股息回报是重要的投资回报形式，多次分红可以给投资者特别是中小投资者更好的持股体验。当然春节前能够收到股息就更加美妙。

在成熟市场，上市公司一年中多次分红并不罕见，甚至还有按季度分红的。鼓励上市公司多分红，是增加投资者回报，特别是增加对中小投资者回报的重要手段。国内股市推进多次分红是一个重大进步，第一步可以推动半年分红，第二步推动有条件的公司按季度分红。

应该将多次分红且分红丰厚的公司与"铁公鸡"加以区别标记，并建立奖优罚劣机制。除了减持的限制和ST警示之外，在行政审批、纳入指数、衍生品设立、交易便利、股权和债权融资、高管薪酬待遇标准等方面区别对待也是行之有效的手段。若两类公司的待遇差别足够大，有望改变此前长期存在的"铁公鸡"行为，弘扬以回报股东为荣的氛围，市场资源的正确配置才有望成为可能。

没有给股东创造价值，反而不断地消耗股东价值，拥有长期不分红甚至从不分红记录的"铁公鸡"应当被公示出来，以便中小投资者分辨。

中小投资者能赚点股息已很不容易，这里提两个小建议：一是研究改变分红除权的规则；二是研究进一步减免红利税和港股通红利税。

（2024年3月6日）

第五部分　我眼中的大势（2007—2024）

我国股债差已经到达高位区

在一系列强有力的政策推动下，股票市场大涨，外资空翻多。而随着股市进一步抬升，极端重债轻股局面也许会慢慢逆转。

2024年3月6日，中债10年到期收益率创下了2.2650%的低点，是2002年4月26日以来的新低；中债50年到期收益率创下2.5978%的历史新低，之后的三个交易日，债券收益率小幅回升，国债期货则小幅下跌。

截止到2024年3月11日，银行指数、央企指数、红利指数、上证50指数、沪深300指数和恒生指数的市盈率分别为5.2倍、8.9倍、6.2倍、10.0倍、11.7倍和8.2倍，其中最低估最核心最优质的资产或已经显现投资吸引力。中国优质资产的股息收益率和10年期国债到期收益率的差值也已经到达历史高位区域。

28万亿的公募基金资产管理规模创历史新高，但纯权益类基金仅有2.63万亿，极端重债轻股现象已达极致。

2023年，债基收益丰厚，吸引越来越多的资金涌入债券市场，迅速压低了债券市场的收益率，50年国债收益率2.5978%和10年国债收益率2.2650%已经步入历史新低和历史低位区。

每当股市出现明显的非理性下跌时，强力的避险情绪使得大众和机构投资行为出现变形，重债轻股由此产生。而当股债差达到历史高位区时，继续弃股追债的行为往往是错误的。但这是当下绝大部分人和机构的资产配置的真实情况。历史经验证明，投资市场中正确的往往是少部分人。

以上观点供各位读者慢慢思考。一切的前提是股票资产配置比例要与投资者自身的风险承受能力相适应。

可以预见的是，当绝大部分人开始转向重股轻债时，股债差会从当下历史高位区回落到历史低位区，一轮财富大转移就此产生。成功者往往与绝大部分人行动相反而不是相同。当然成功者仅仅是少数人或者极少数人。

（2024年3月11日）

第五部分　我眼中的大势（2007—2024）

货基涨停预示债市或已出现泡沫

　　2024年3月11日，某货币式基金单日涨幅一度达到3.61%，截至收盘，涨幅为2.29%。而前一个交易日，这只基金盘中一度涨停至110元（10%），当日收盘于106元，出现异常波动。当货币式基金都出现暴涨时，说明债券市场的泡沫积聚。

　　货币基金一般年化收益率在2%左右，当以10%溢价去追时，可能面临套牢5年的风险。这预示着什么呢？一是购买债券产品的投资者已经失去了理智。二是投资者教育工作迫在眉睫。

　　许多投资者在没有接受过证券投资知识的学习就贸然进入了市场，这是主要原因。市场中愿意讲真话的人并不多，若真诚地告知投资者溢价10%或会面临套牢5年的风险，投资者还会上当吗？在投资者不了解的情况下，是否需要更充分的风险揭示或者相应的交易制度保护？这值得好好研究。

（2024年3月12日）

李大霄投资战略（第三版）

从债基限购谈起

近日债基火热行情持续，其中短债基金成为"当红炸子鸡"。截至2024年3月5日，市场短债基金的总规模突破万亿大关，相比一年前增长超60%，不少短债基金纷纷限购。当出现基金限购的时候，非常有可能出现了过热。

在某明星股基规模过大需要限购的时候，在6124点认购指数基金需要抽签的时候，往往都是过热的迹象。在过热时认购基金酿成的苦果需要很多年来消化，甚至至今还没有完全消化。这个惨痛的教训要时刻谨记。当然，短债基金的风险与指数基金和明星股基风险级别不同，但道理是相通的。

再看股票市场，2024年以来，逾800家A股上市公司披露了回购计划，已超过2023年的716家，回购金额上限规模达900亿元，市场生态已经开始改变。当然，有些优质公司是真回购，有些忽悠公司只回购了一手。投资者要擦亮双眼。

一二级市场的努力平衡正在显现效果，IPO上市速度减缓了，管理层审核力度加强了，拟上市公司撤销申报的情况增多了，主板上市难度增加了，纷纷转向其他交易所。政策因素起到非常重要的作用，在关键时刻甚至起到决定性作用。这就是本人在最悲观最绝望时决不放弃的根本原因。

外资也许是此前做空的始作俑者，其动向耐人寻味。去年他们坚

第五部分　我眼中的大势（2007—2024）

定唱空做空，大肆宣扬"中国不可投资论""撤出中国论"，并通过做空中概股、恒生科技、恒生指数、A股外围指数来影响A股，自2023年8月份开始大量流出超1000亿元，或是造成市场波动和恐慌的重要原因之一。但在2024年，"中国不可投资论"突然转为"追捧中国资产"，2024年2月份外资大举流入607亿元。人还是那些人，资金还是那些资金，只不过方向大逆转了而已。对于外资频繁转向引发的市场巨幅波动，我们要有强有力的应对机制，避免被外资用其掌握的话语权和资金实力反复操控中国资产的情况重演。

从当下来看，外资的态度与国内长期资金的方向开始一致了。中概股、恒生科技、恒生指数、A股方向也渐渐趋于一致，一个内外同向形成合力的阶段开始形成。全球范围内中国资产整体趋于恢复之中，当然仅限非常优质的资产。尚不具备所有资产向上的动力，劣质资产还需要非常谨慎，整体牛市条件尚不具备。

（2024年3月13日）

李大霄投资战略（第三版）

利好组合拳起化学反应
股票市场热情被点燃

上周末的利好组合拳起了强烈化学反应，截止到2024年3月18日收盘上证暴涨30点，成交1.14万亿元，外资进场28亿元，大盘呈现欢欣鼓舞的局面。

其中外资流入比较明显，上个交易日流入103亿元，本月272亿元，本年流入734亿元，已经超过上年。可惜的是，底部又给外资抄走了。

市场走强与上周末公布的四个重要文件功不可没。其利好举措数量之多，政策力度之大，直指问题的核心，非常罕见。股票市场的热情被点燃是有逻辑的。

严控上市公司质量是组合拳的一个大亮点。从源头抓起非常重要，起码增量的问题得到解决，存量的问题才有可能慢慢化解。若增量问题股源源不绝，存量问题就会越来越大。严控上市公司增量的质量是中国股市重大利好消息。控制拟上市公司一口赚饱的欲望是严控的关键。

当然，散户投资者对严控之后的增量也要进行甄别。建议从全国最好的开始选，不要从最差的开始选，这样踩中地雷的概率就能够大幅减少。永远也不能够将选股的责任寄托于他人身上。要清楚的是，严控质量减少了踩雷的概率，并不能够保证严控之后每一只股票都能赚钱。这是两个概念，要赚钱还得要选好股。

第五部分　我眼中的大势（2007—2024）

中国股市供不应求阶段已经结束，齐涨齐跌的时代一去不复返了，盲目买股票就能够赚钱的时代也早已远去。好股票才能赚钱的概念要牢记于心。

利好组合拳中保护投资者利益，特别是保护中小投资者利益非常重要，这是中国股市最大的利好。经过长时间不懈努力认真落实到位之后，中国股市就有望渐渐步入可投资的初级阶段，就有机会渐渐摆脱纯融资市场，也有望渐渐转为投融资平衡的初级阶段。也就是说，初级阶段可能可以开始买一点股票了，当然仅限于好股票。这个初级阶级才能称之为股票市场，之前只能称为融资市场。

而对于中小投资者，坚持余钱投资、理性投资、价值投资的原则也非常重要。股票市场看似没有投资门槛，其实门槛相当高。很多人终其一生都还没有入门，所以建议要循序渐进。

（2024年3月18日）

李大霄投资战略（第三版）

外资又抄走中国股市大底

最聪明的全球基金巨头正在积极购入中国股票，这些投资人纷纷押注中国资产即将迎来更加乐观的前景。美联储从加息周期渐渐步入降息周期，这是外资重新流入的重要原因。中国经济增长重新得到外资的认可，纷纷调高中国经济 2024 年增长预测，也是外资进入的重要基础。

A 股一二级市场平衡的努力已初见成效，发行速度在大幅下降，回购和增持在大幅提速。逾 800 家 A 股上市公司披露了回购计划，已超过 2023 年的 716 家，回购金额上限规模达 900 亿元，增持和回购总量已经连续两个月超过融资总量，市场平衡状态已经初步形成。外资前期吐槽"根本买不完"现象有所改善，当然仅限好股票。

股票市场稳定的前提是资金流入的速度要大于流出速度。2024 年以来，增量资金强力流入促使市场稳定。

除此之外，市场中内生性的平衡也非常重要。最近 IPO 速度大幅下降，而基金发行速度大幅提升。在政策的强力推动之下，募集的资金也大幅提升，市场平衡得以有效实现。

欣喜地看到，2024 年 1 月初中证 A50 指数正式发布，10 家公募基金公司随即申报了相关产品并很快获批；2 月 19 日，10 家公募公司宣布发售旗下 A50ETF；3 月 1 日，首批 10 只中证 A50ETF 完成募集，累计发行份额超 160 亿份。3 月 18 日，八家公募基金公司旗下的中证

第五部分　我眼中的大势（2007—2024）

A50ETF 也正式上市交易。Wind 数据显示，截至当日收盘，中证 A50 指数上涨 0.74%，集中上市的八只中证 A50ETF 合计成交超 60 亿元。

随着类似中证 A50 指数产品的发布，将有利于引导资金进一步投向 A 股核心资产，吸引中长期资金入市。中国股市开始慢慢走向一条正确的道路，良性循环开始出现，其实核心是"做好人、买好股、得好报"。

（2024 年 3 月 19 日）

再谈外资空翻多

不可否认，外资一举一动都值得高度重视，从之前大举唱空做空到当下唱多做多，先知鸭风向标角色暴露无遗。

美股、日股、印股不断创出历史新高，欧股也不断走强，唯独中国资产处于落后状态，除了A股内部原因之外，外资的举动也非常关键。

此前在美中概股被做空。纳斯达克金龙指数从2021年2月16日20883点跌至2022年3月15日4911点，跌幅76.1%，已经堪比1929年大股灾的跌幅了。外资通过做空在美中概股，同时做空在港中概股，进而影响港股、A股。手段高明而且措施到位，再配合看空唱空做空掏空，空头的手法无所不用其极。

但2024年情况恰恰相反。外资从"中国不可投资论"迅速转为"中国资产潜力巨大"。改变无非就是他们已经建好了多头仓位。仓位决定态度、立场和舆论，多年如此并无新鲜。

究其原因，外资利用其强大的资金实力，强大的话语权，强大的操盘能力，强大的市场控制权，娴熟自如地进行多空转换。只可惜我们的市场国际影响力还不够强大，稳定市场的机制反应还比较缓慢。绝大部分人在空头的恐吓之下，在上证指数3000点之下痛失了异常宝贵的好股票。

当下怎么看？最近外资在大力唱多中国，或者预示其做多中国的迹象。当然，外资一般看好中概股、港股、A股里面最优质的资产。

钱怎么来？一是长期资金，包括养老金、社保基金、保险资金、银行理财资金、企业年金、公募基金、私募基金等。二是外资，截止到2024年3月20日，外资年内流入720亿元，远超去年全年。三是在上证指数3000点被空头恐吓而被迫割肉的资金会成为翻多资金来源。四是债市资金流向股票市场。五是上市公司回购和大股东增持员工持股计划。

(2024年3月21日)

市场大跌是强势调整并非暴跌开始

2024年3月22日盘中，市场一度大跌接近50点，引发投资者担忧。这个回调属于大涨455点之后的正常调整，不必担忧。调整不是问题，不调整才是问题。获利盘太丰厚，需要部分兑现，调整是需要的。

在3000点之下做空的空头在市场逼近3100点之际空翻多，市场主流已经一致看多。这个时候展开调整，多空双方力量再平衡。没有必要恐慌。

从上穿3000点以来，之前突飞猛进的主力标的，其实已经率先展开调整，并没有大干硬上。这也给后续行情带来了余地。

从散户动向来看，在3000点被空头悲观情绪感染，在市场突破3000点之后纷纷追涨，警惕性有所下降。部分公司兑现行为开始增加，这也是市场调整的逻辑。

主因就是大涨了455点，大盘需要调整，调整50点也算强势调整，和之前崩盘式下跌的性质完全不同。稳定才是主流，小作文不是主流。一个多月涨455点肯定是不可以持续复制的，只是市场失衡时期的特殊救市举措所为，不可以长期采用。只要市场从失衡中走出，就会慢慢步入自然涨跌的状态。

（2024年3月22日）

第五部分　我眼中的大势（2007—2024）

长期资金入市才是大道

　　财政部、人力资源社会保障部、国务院国资委近日联合印发《划转充实社保基金国有股权及现金收益运作管理暂行办法》（以下简称《办法》），进一步规范划转充实社保基金国有股权及现金收益的运作管理。该《办法》明确了国有股权及现金收益运作涉及的投资范围、投资比例、考核机制等。具体来看，社保基金会管理的现金收益投资范围涵盖存款和利率类、信用固收类、股票类、股权类产品。其中，投资股票类产品的上限可以达到40%。

　　这是中国股市的重大利好消息。长期以来，中国股市缺乏长期资金和耐心资本的问题，目前正在开始解决。中国优质资产的融冰之旅或有希望启程。

　　正因为之前有缺少长期资金的缺点，中国股市只能靠大幅波动来赚钱，甚至很多是赚散户投资者的钱为主要的盈利模式。但这种涸泽而渔的模式是不可持续的。怎么样摆脱这个循环？最近，管理层推动长期资金入市的举措越来越坚决，其中社保基金的新政就是明证。

　　社保基金是长期资金。2022年年报数据显示，成立以来年均投资收益率为7.66%，取得了辉煌的长期投资成绩。新举措大大拓展了社保基金的投资范围和放松的投资条件，为长期资金入市创造了条件，为股票市场带来长期活水，是不折不扣的重大利好消息。

坚持不懈地引入长期资金，中国股市优质资产的重心就会稳定上移。

投资者要看大道，要看主流。主流就是长期资金入市，优质资产重心上行。

（2024年3月25日）

第五部分　我眼中的大势（2007—2024）

八大利好支撑市场稳定

虽然美股一度大跌，给 2024 年清明节后的 A 股带来压力，但假期期间的不少利好因素有望给 A 股节后行情以支撑。

一是节日消费数据超出预期。假期 3 天全国国内旅游出游 1.19 亿人次，按可比口径较 2019 年同期增长 11.5%；国内游客出游花费 539.5 亿元，较 2019 年同期增长 12.7%。

二是央行 4 月 7 日宣布设立科技创新和技术改造再贷款——额度 5000 亿元，利率为 1.75%。

三是多城市纷纷发布阶段性取消首套房商贷利率下限的通知。稳地产政策力度逐步加大。

四是中美商贸工作组举行第一次副部长级会议。这是个好消息。

五是 4 月初，山西、河南等地多家中小银行宣布下调定期存款利率，下调幅度从 10 个基点至 40 个基点不等。降息大趋势仍然还没结束。

六是全球资金再配置迹象显现。汇丰控股数据显示，超 90% 的新兴市场基金正在加码中国股市，同时减持印度股票。2024 年 2 月至 4 月 3 日，上证指数上涨 10%，涨幅远高于同期上涨 3% 的孟买 Sensex30 指数，也被视为国际资金"卖出印度、买入中国"的信号。当全球资金开始"卖印度买中国"的时候，部分国内投资者还在实施"卖出中国买入印度"的操作策略或就显得不合时宜了。

七是全球经济延续复苏趋势。中国物流与采购联合会发布数据显示，2024年3月份全球制造业PMI为50.3%，较上月上升1.2%，结束了连续17个月50%以下的运行走势，重回50%以上的扩张区间。一季度，全球制造业PMI均值为49.6%，高于2023年四季度47.9%的平均水平。

八是IPO融资压力缓解。4月4日，深交所披露5家IPO企业终止审核。这是自2024年以来，单日内终止IPO审核最多的一天。

随着越来越多的政策利好不断加码，市场稳定可以期待。A股清明节后平稳开盘可能性较大。

（2024年4月8日）

第五部分　我眼中的大势（2007—2024）

在美推介 A 股是利好

据上交所 4 月 3 日微信公众号消息，近期，"投资中国新视野——A 股上市公司推介活动"在美国纽约举办。据悉，本次活动由沪深证券交易所共同主办，是 2020 年以来上交所首次在美国举办推介活动，也是沪深交易所首次在美国联合举办上市公司路演活动。

其实，上市公司在本土市场上市比在境外上市更好，该举措可以实现本土市场上市并吸引全球资金的目的，又不受境外市场规则的诸多制约。

A 股市场一直以来资金来源比较单一，主要靠内资参与，外资占比较低，国际化程度不高，融资能力有限。很多企业只能远赴重洋到境外上市，受到当地法律、规则、语言、习惯等制约较多，上市便利性不足，上市融资以及维持上市地位的成本较高。发展强大的本土市场就显得尤为重要，类似推介活动是很有效的途径之一。

众多交易所都是非常积极和主动推介自己以及下属上市公司，以便被外国的投资者熟知。

很多国内投资者热衷于"卖出中国，买入印度、日本、美国甚至越南"，其中不排除有这些交易所推荐比较卖力的因素。但这种投资行为在目标交易所处于高位时不一定正确，因为目前全球性资金已经开始"卖出印度，买入中国"了。当然外资只买好股票。

增加资金来源，特别是外资来源，它是振兴 A 股的重要渠道。如何增加？通过更多的推介活动让外资了解自己就非常有效。沪深证券交易所这次是迈出了联合第一步，建议还要加大力度，形成推介规模和常态，让外资充分了解 A 股上市公司。可以预见的是，随着越来越多的上市公司被外资熟知，未来中国最优质资产将会被全球资金争抢。

（2024 年 4 月 8 日）

第五部分　我眼中的大势（2007—2024）

新"国九条"出台是重大利好

2024年4月12日，国务院印发《关于加强监管防范风险推动资本市场高质量发展的若干意见》（以下简称《若干意见》），是继2004年、2014年两个"国九条"之后，10年后再次出台的资本市场指导性文件。从历史上观察，每次《若干意见》发布后，国内资本市场都将迎来稳定发展阶段，相信这次也不会例外。这次《若干意见》主要内容包括：

一是树立理性投资、价值投资、长期投资的理念。这个对有效改变投机行为、稳定市场非常重要。

二是提高上市标准。这是平衡一二级市场的利器，也是呼吁已久的稳定市场举措，是关键之中的关键。

三是严厉打击各类违规减持，强化上市公司现金分红监管，推动上市公司提升投资价值。

四是促进市场稳定运行，加强战略性力量储备和稳定机制建设。

五是大力推动中长期资金入市。大力发展权益类公募基金，优化保险资金权益投资政策环境，完善全国社会保障基金、基本养老保险基金投资政策，鼓励银行理财和信托资金积极参与资本市场。这是重大利好，真是久旱逢甘霖。

总的来说，这是呼吁已久、期盼已久的繁荣稳定资本市场发展的纲领性文件，具有重大的现实意义和深远的历史意义。

李大霄投资战略（第三版）

一是提出以保护投资者利益特别是中小投资者利益。保护投资者利益，特别是中小投资者利益是中国股市长远健康稳定发展的唯一出路。这是重大进步，是最大的政策亮点。

二是强调加大分红回报。直面中国股市的实质问题，中国股市有望从融资市场向投融资市场转变。只有真诚地回报投资者，股票市场的投资才能实现回报，保护投资者利益特别是中小投资者利益才能得到体现。这是一个重大政策导向，也是一个重大进步。

三是当下面临资产荒的实际情况，较前两次更加严重，之前尚有房地产和高回报的理财产品及债券品种的分流。当下除了股票市场之外，几乎所有高回报的规模市场都已经萎缩，包括房地产市场、PTP、刚兑债券市场等等。2024 年 3 月 6 日，10 年期国债到期收益率创下 2.2650% 的低位，50 年期国债到期收益率创下 2.5978% 的历史新低，而此次出台新"国九条"或恰逢其时，有望事半功倍。

四是引入长期资金非常关键。2004 年前后主要解决了股权分置问题，2014 年激活了杠杆，这次若能够加大力度解决长期资金问题，对中国股票市场的影响会更加深远，而不是前两次的脉冲型行情。当然，长期资金仅仅青睐好股票，这点读者一定要注意，绝大部分人都没有理解这一点。

五是首次提出赔偿投资者的理念。这是呼吁已久期盼已久的大利好，体现了保护投资者特别是中小投资者利益的重要政策导向，是防止损害投资者利益的最有力武器。

展望未来，中国优质资产价值将逐渐得到全球最有眼光的长期投资者争抢，中国优质资产融冰之旅或将启程。

（2024 年 4 月 12 日）

第五部分 我眼中的大势（2007—2024）

一季度宏观数据超预期
中国优质资产成中流砥柱

2024年4月16日，国家统计局发布数据显示，初步核算，一季度国内生产总值296299亿元，按不变价格计算，同比增长5.3%，比上年四季度环比增长1.6%。

虽然全球股票市场处于逆境之中，但中国一季度数据超预期对股票市场稳定提供了局部支撑。市场出现非常剧烈的两极分化，小部分优质股票奋力上涨，大部分股票急速下跌。

很多人对市场的变化并没有警觉，还停留在过去34年的老经验之中，殊不知市场已经发生了巨变。只有持余钱投资、理性投资、价值投资、长期投资理念的人可能才会更加从容，只有好股票才能把投资者救出来。

很多人认为散户只能买专属于散户朋友的股票，好股票是属于主力买的，甚至对提出购买好股票的人进行围攻。这种情况会慢慢得到改变。

首先，实际上并不存在散户只能购买差股票的规定，好股票也并非只能够由主力购买，而是所有人都可以购买。

只不过，好股票在低位的时候，由于市场低迷造成价格低廉，加上空头肆虐故意散布利空，股价波动幅度较小，散户敬而远之，主力趁机慢慢收入囊中。很多人误认为这些股票非散户股票，只能由主力购买，长期偏见就此产生。

而大量差股票，由于大股东减持或者主力出货的需要，自然而然题材概念横飞，吹捧者众。甚至上市公司亲自披挂上阵炮制利好，股价上蹿下跳波动幅度巨大，对散户吸引力满满。只可惜到最后皆是空头支票或美丽的童话。

这次对长期不分红公司冠以 ST 警示，是必杀技。就像《皇帝的新衣》里的小孩的话一样，慢慢就会警醒世人。

很多人对这个小孩说的话不满，认为不应该说出来。但事实就是事实，"铁公鸡"就是"铁公鸡"，随着 ST 的标示，事实很快就会显露出来。

被围攻的 A 股最后一个多头，在不久的将来，也许会慢慢地被有心人发现。而之前大量的股评推荐的高估股票，在皇帝新衣被揭露之后，将会渐渐回归价值。按质论价而非按量论价，只不过这个过程也许会非常曲折坎坷。

（2024 年 4 月 16 日）

第五部分 我眼中的大势（2007—2024）

采取先救港股策略非常正确！

2024年4月19日，管理部门发布涉及港股市场的五个重磅政策利好，分别为：放宽沪深港通下股票ETF合资格产品范围；将REITs纳入沪深港通；支持人民币股票交易柜台纳入港股通；优化基金互认安排；支持内地行业龙头企业赴香港上市。整体来看，本次五大利好针对的是港股市场流动性不足、融资吸引力下降等问题，有的放矢地提供应对措施。

五大利好发布之后，港股连续两天暴涨，对利好反应立竿见影。随着港股利好政策继续深化，对港股的正面推动将会持续，并对A股产生间接正面影响。先救港股，再救A股，港股对A股的向下牵引作用就会减弱并逆转，若能够有效激活港股，A股救市效果就会事半功倍。

港股的资金来自全球市场，香港的国际金融中心地位非常重要。激活港股对巩固其国际地位非常关键，五项救市措施恰逢其时。建议还可以加上第六项，即研究减免港股通红利税，这将激发投资热情并显现公平性合理性，显著增加港股优质股份的投资价值。

港股的调整或已经非常充分。恒生指数在2022年10月31日14597点与2024年1月22日14794点或形成完美的双底结构。截止到2024年4月23日，恒生指数估值仅是8.6倍PE和0.85倍PB，恒生科技指数为21.0倍PE和2.04倍PB，从最高点到最低点调整幅度已经达到75%，从历史上每轮大熊市的调整幅度来看，都已经相当足够。

纳斯达克金龙中国指数亦从本轮高点20893点调整到本轮低点4113点，调整幅度80.3%，调整也非常充分了。

截止到2024年4月23日收盘，A50指数估值为9.9倍PE和1.12倍PB，沪深300指数则为11.7倍PE和1.26倍PB，银行指数为5.4倍PE和0.59倍PB。A股部分主要指数估值已具备吸引力。

外资的态度已经彻底转向，空翻多的著名机构越来越多，看多声量也越来越大，有望彻底逆转之前看空、唱空、做空的行动。外资机构亦纷纷调高今年中国经济增长预测，今年以来外资流入中国的资金量已经远超去年全年，加上欧美日股票已经处于高位露出疲态，此时转为做多中国正当其时。

（2024年4月23日）

第五部分　我眼中的大势（2007—2024）

港股迈入牛市鼓舞 A 股

外资变脸速度真的太快了，从"中国不可投资论"突然给中国股市树立起一个高远的目标。2023 年大肆渲染"中国不可投资论"的时候，恰逢中国股市处于最艰难时刻，股市低迷资产价格低廉，看空唱空做空掏空者肆虐，坚守 A 股多头的声音，异常不易。

同样的优质资产，几乎同样的基本面，只不过外资的空头策略变成了多头，把"卖出中国，买入印度、日本、美国"的操作方向换过来了而已，舆论导向也从不可投资转为树立起高远目标。其实唱空与唱多者也许是共谋者，翻手为云覆手为雨的变脸行为仅仅是一种需要。中国资产的话语权值得高度重视，这是重要的生命线，长期被外资左右控制的局面应该改变了。话语权阵地涉及我们的资产安全甚至金融安全，不可轻易放弃。

截止到 2024 年 4 月 26 日 14：27，外资近三月流入 766.79 亿元，已经远超去年全年。外资从舆论到行动都在提速。

截止到 2024 年 4 月 26 日 14：27，恒生指数出现罕见的 5 连阳，上涨超 1500 点，这将有利 A 股回暖，当然仅限优质资产。最近一个月以来，低于 2 元的股票数量倍增，两极分化也许才是常态。切记要做好人买好股才能得好报。

港股走牛或正在点燃 A 股，先救港股策略是正确的。最近的政策利好级别越来越高，股市支持力度也越来越大，中国股市终将会被激活。

当下国内资产荒越来越明显，天量资金只能堆积在储蓄和债券市场。2024年4月23日50年国债收益率已经到达2.5660%，固收和权益资产的再平衡正当其时。从南下资金大举流入港股，汇金3000亿元等长期资金大举抄底A股，外资空翻多，五大利好举措出台恰逢其时，港股当下暴涨是有逻辑的。这将对A股优质股票走强提供现实借鉴。

（2024年4月26日）

第五部分　我眼中的大势（2007—2024）

中国股市突破年线

2024年4月29日，上证指数突破年线收3119.69点。

随着中国积极的股市政策不断加力，汇金公司用源源不绝的真金白银坚决护盘，保险公司也成立了500亿元的巨无霸基金，指数基金出现多个千亿级别基金，加上外资空翻多形成合力，大量流向债券市场的资金或开始部分流入股市。

随着上证指数奋勇突破年线，股票市场获利效应慢慢出现，之前债券基金大量发行，股票基金发行困难的情况会得到逆转，股票市场的资金来源会越来越充裕。优质资产的重心会渐渐提升，中国优质资产在东方地平线上冉冉升起不会太遥远。

4月29日市场突破了3100点，与2023年3100点相比，优质资产重心早已上了一个大台阶。究竟在3100点之下看空正确还是看多正确？当然看多中国优质资产者才是大赢家。在3100点唱空做空者实现了什么目的？他们虽然赢得暂时的掌声，却使得散户朋友在底部放弃了好股票，甚至退出了股市。

在未来股市狂热期，退出股市的人又会在下一个"地球顶"重新进场，周而复始，循环往复。要摆脱这个循环，首先要认清楚谁是好人、谁是坏人，再买股票。

（2024年4月29日）

中概股或打响"大国牛"第一颗信号弹

中概股重新崛起，外资已经完成了由做空转为做多，中国资产被全球投资者争抢的阶段到了。

之前在美中概股被做空，纳斯达克金龙指数从2021年2月16日20883点跌至2022年3月15日4911点，跌幅76.1%，已经堪比1929年大股灾的跌幅了。

但2024年情况恰恰相反，外资从"中国不可投资论"迅速转为"中国资产潜力巨大"。其实中国资产里面也许隐藏着好股票，不乏新质生产力的优秀代表，一味唱空是没有根据的，也许仅仅是利益使然。

外资做空中国的时候，通过做空中概股，进而影响到恒生科技、恒生指数、恒生国企指数、A股，而做多的时候，从中概股，进而影响恒生科技、恒生指数、恒生国企指数、A股，其路径是一样的。中概股大涨，会影响到港股，并影响到A股节后开盘。当然仅限好股票，差股票会受到退市新规的影响，而且是深远的影响。

底部割肉者未来在下一个"地球顶"必然会不顾一切地追高，一定要避免这个循环。

（2024年5月3日）

第五部分　我眼中的大势（2007—2024）

A股"五一"节后或分化

"五一"期间外围股票一片暴涨，恒生指数创2018年以来最长连涨记录。截至2024年5月3日收盘，恒生指数、恒生中国企业指数、恒生科技指数自年内低点累计涨幅分别达24.89%、32.45%、33.05%，均进入牛市。

当下外资空头基本绝迹普遍空翻多，颇有期货式逼空手法。近三月外资已经进场941亿元，远超去年全年，A股市场有望迎来活水，给节后A股提供了良好的环境。

我国一季度经济增长速度5.3%超出预期，PMI也连续两个月超50%，经济恢复是股票市场的基础。

人民币汇率也悄然逆转，预示着中国优质资产扬眉吐气的时代或已到来。

中国股市趋势逆转或已经在2024年2月5日的2635点出现了。疯狂赌债牛大军在受挫后一旦醒悟过来，股票市场的援军就到了。债券收益率创历史新低，这是历史上最大的股债差，亦是中国资本市场股债错配最严重的阶段。

为什么会出现赌债大军？皆因资产荒严重，房地产市场低迷，PTP受挫。从2021年2月18日开始，股票市场熊市的亏损效应，风险偏好降低驱动资金流向债券市场。

重债轻股已经到达了极致，一旦开始逆转，中国股市的春天或姗姗而来。只不过能够预见者不多，未来到达下一个"地球顶"的时候，重股轻债又成为日常。届时，无论如何提醒股市风险，都没有多少人相信，正如之前在3000点之下提醒机会一样，认同者万中无一，这就是股票市场成功者仅仅是少数人的根本原因。

当然，在底部之下提醒机会，也仅仅是限于好股票。

（2024年5月5日）

第五部分　我眼中的大势（2007—2024）

五大原因促使中国股市创年内新高

2024年5月6日，股市接近光头阳线，大涨35点报收3140点，创年内新高，轻微刺穿两年线，成交连续4天万亿元，今天更超1.1万亿元，似乎小牛回来了。当然仅限好股票，差股票还处于熊途漫漫之中。

今天大涨有以下几个原因：

一是五一假期消费升温，民众出游意愿强烈。交通运输部估计，假期第一天全社会跨区域流动近2.8亿人次，高于2019年，节前一周及假期第一天的景点游客较去年同期增长11%。灯塔专业版的数据则显示，五一档电影票房破15亿元。五一数据良好，国内生产和需求均逐步复苏，进一步提高市场投资者的信心。

二是假期期间周边股市暴涨。美联储降息预期刺激外围股市，恒生指数创2018年以来最长连涨记录，截至5月6日收盘，恒生指数、恒生中国企业指数、恒生科技指数自年内低点累计涨幅分别达25.5%、32.9%、34.3%均进入牛市。外资在大口大口抄底中国资产，可惜绝大部分人都没有察觉，A股节后上涨仅仅是补涨而已。

三是人民币上涨。美元兑离岸人民币从4月16日7.2691到5月6日7.1940，并伴随着外资大量流入。外资近三月流入已经达到937亿美元，远超去年全年。

四是5月6日公布的4月财新中国通用服务业经营活动指数（服

务业PMI）为52.5，较3月下降0.2个百分点，仍位于扩张区间。综合PMI上升0.1个百分点至52.8，刷新2023年6月以来最高纪录，显示整体企业生产经营活动加快扩张步伐。

五是节前上穿年线迫使小部分极其聪明的技术派空头空翻多。虽然绝大部分空头还没有从悲观中走出，但一个明显的事实是，小部分极度聪明的空头看到上穿年线之后，不得不选择投降了。空翻多力量促使大盘上涨。

当然以后的牛市也仅仅是好股票的牛市，类似中国股市成立初期特有的整体性大牛市或一去不复返了。因为在股市初创期的筹码稀缺不复存在了，我们要随之而变，这点绝大部分人都还未能理解。绝大部分人都误以为牛市会是所有股票的牛市，这理解大概率是错误的。

（2024年5月6日）

第五部分　我眼中的大势（2007—2024）

耐心资本来了！

中国股市出现一个重要的变化，就是耐心资本悄然增加。这将引发中国股市巨变，值得我们高度重视。

长期以来，中国股市缺乏耐心资本，大部分是短线博弈，造成市场波动性巨大、稳定性不足。追求短期效益者众，不规范行为明显，甚至出现以割散户韭菜的盈利模式为荣的现象，这是不可持续的。中国股市到了需要改变的阶段了，刻不容缓。

中国的散户超 2.1 亿人，数量庞大，涉及千家万户，他们是中国股市最大的贡献者，是当之无愧的功臣。我们应该好好地保护他们，以割散户韭菜的盈利模式是不合适的、不合理的和不道德的，不值得鼓励而应坚决限制。要彻底改变以割散户韭菜为盈利模式才有未来。

本人一直在研究怎么样改变。其中加大耐心资本是良策之一。耐心资本不以散户为盈利模式而是拥抱优质资产为盈利模式，这将引发中国股市产生根本性的变化。

令人欣喜的是，最近耐心资本动作力度明显增加了。汇金公司一出手便是 3500 亿元，社保基金一季度持仓市值 4275 亿元创历史新高，某保险公司新设的 500 亿元巨基蓄势待发，沪深 300 指数基金超千亿巨无霸基金已赫然出现，大量 A50 基金创设顺利。耐心资本悄然壮大，润物细无声。

中国股市当下正在发生的客观事实是，一众好股票涨上去之后不易下跌。很多人眼巴巴地盼着它们下跌，希望和之前走势一样，上涨后又会掉下来。这次却越等越高，甚至可能是一骑绝尘，只能一声叹息与己无缘。

　　小牛的味道渐渐浓郁了，表现在主要股指顽强上涨，但是众多劣质股票却不涨反跌。其实越是牛市越危险，很多散户还停留在旧模式故痛苦异常。要认真思考市场的变化，耐心资本来了，市场变了，只有好股票才能提高胜率。耐心资本和割韭菜的盈利模式完全不同，散户朋友若还持劣质股也许很难有未来。

（2024年5月7日）

第五部分　我眼中的大势（2007—2024）

中国股市大步流星迈进技术性牛市

截止到 2024 年 5 月 7 日，上证指数报收 3147.74 点，创年内新高，从 2 月 5 日低点 2635.09 点上涨 20%。只用 3 个月就上涨 512 点，可是，很多人赚了指数并没有赚到钱，原因或有以下五点：

一是主流指数上涨，包括银行指数、央企指数、红利指数、A50 指数、沪深 300 指数等，与上证指数交相辉映。那边恒生科技、恒生中国企业指数、恒生指数更加是一骑绝尘。这说明并非游击队区小队所为，而是大部队大主力的运作迹象。加上政策春风拂面，耐心资本出工又出力的结果。

二是外资强烈空翻多。外资是空方大本营，从看空唱空做空转为多方旗手，大有不达目的不罢休之势。空翻多只在一瞬间，变脸速度奇快无比堪比川剧。我们应该设计一套应对措施，提前应对其下一次变脸。不管怎样，当下是内资和外资同频共振期，内外合力则威力无比。此时余下的空头就从不可一世变得弱小，甚至可怜兮兮。

三是上市公司的分红力度增加了。今年红利总额为 2.24 万亿元，创历史新高，特别是最优质上市公司的分红更加可观，吸引了主力资金流入。

四是优质上市公司与耐心资本结合已经形成多方合力。部分优质上市公司纷纷采用回购、大股东增持、市值管理等举措形成向上力量，与耐心资本相互结合形成向上合力，其威力同样巨大。

五是市场出清加大力度。劣质上市公司的退市速度在提速，量化交易受到监管，操纵市场行为被打击，高估股票的空间被压缩，而这些股票绝大部分被不明就里的散户投资者所拥有。

市场正在发生巨变，只不过这只是好股票的牛市，对差股票来说还是熊市，甚至是出清市。

（2024年5月8日）

第五部分　我眼中的大势（2007—2024）

极端重债轻股现象有望逆转

股债表现往往呈现跷跷板效应。股票经历了三年超级大熊市，投资者风险偏好降低，避险情绪升温纷纷转战债市，债基销售火爆，推动债券市场形成超级大牛市。获利效应驱动越来越多的资金涌入，债券收益率屡创历史新低，但是事物发展到达极致的时候，逆转也许就会发生。

上周中两三天之内，货币式基金赎回百亿股票型基金申购百亿的情况出现了，之前重债轻股趋势出现了逆转。一旦股票市场出现明显的获利效应，股债逆转速度将会加速，债券市场积聚的泡沫或在未来被引爆。极端的重债轻股或是资产严重错配，而且债券市场主要是机构之间的博弈，一旦出现逆转时波动或会非常激烈。要非常警惕在貌似不可能的地方出现风险，未来要十分注意控制杠杆和缩短久期，要牢记全球养老金巨头刚刚在美债腰斩的事实。当然，中债利率水平远没有美债零利率那么极端，其波动性应会小于美债。

经过3年的漫漫熊途，部分优质股份调整到低位投资价值凸显。即使A股在上涨20%之后，A股部分优质资产的估值水平也还不太高。像银行指数估值为5.4倍PE和0.57倍PB，央企指数为9倍PE和0.91倍PB，红利指数为6.5倍PE和0.67倍PB，A50指数为10.1倍PE和1.11倍PB，在全球比较中估值相对偏低，吸引力仍然存在。

5月10日开始，外资的实时动态披露可能要停一段了，因为散户看不到数据，对散户不公平，停止披露也能够减弱外资进出对市场的影响。

（2024年5月10日）

第五部分　我眼中的大势（2007—2024）

4月CPI超预期改善

国家统计局数据显示，中国2024年4月CPI同比增长0.3%，前值增长0.1%。4月PPI同比下降2.5%，前值下降2.8%。

4月CPI数据超预期改善，一季度GDP增长5.3%也超出预期，对A股步入技术性牛市有正面帮助，对港股市场的火爆行情更加提供了基本面的支持。特别是港股有五大利好的加持，其利好影响会更加明显。

A股经过大涨步入技术性牛市。截止到2024年5月10日，A股中银行指数估值水平为5.4倍PE和0.57倍PB，央企指数为9.0倍PE和0.91倍PB，A50指数为10.1倍PE和1.11倍PB，仍然相对具有吸引力。

港股步入强劲牛市，在上涨超4000点之后，恒指还只有9.7倍PE和0.95倍PB，仍然是全球主要市场估值垫底的。港股是被外资看空唱空做空最严重的市场，也许没有之一。在2022年10月31日14597点和2024年1月22日14794点形成完美双底，恒指已经回到27年前，估值已经到达历史低位，股息率或是全球主要市场中最香，没有之一。

重债轻股需要警惕。这是顺周期营销的必然结果，也是一个严重的股债资产错配，可惜并没有得到重视，股熊债牛的思维根深蒂固，敢质疑者寥寥。反之，中国最低估最优质资产的"高息牛"或到了，只是绝大部分人都没有拥有优质资产而不易察觉。

（2024年5月11日）

第五部分　我眼中的大势（2007—2024）

中国首轮"高息牛"或已到来

随着房地产调整、取缔 PTP、打破刚兑以及利率市场化等大步迈进，当下资产荒越来越明显，尘封已久的高股息开始熠熠生辉，长期被歧视被压制的中国最优质资产将扬眉吐气。

可之前"宝藏"为何一直没有被发现？为什么会尘封已久？这要从股市文化开始谈起。

首先，A 股长期以来投机文化盛行，投资文化薄弱，价值投资者一直是少数，并不能够成为主流，量化交易、资产重组、题材和概念炒作才是主流。

A 股中绝大部分人还没有受过投资知识教育。"偷一把"盛行，割韭菜者不以为耻反而为荣；投机者众投资者寡。

港股中外资长期主导港股，本地券商非常弱小。近年来中资券商力量迅速壮大之中，但是还没有取得明显的优势主导地位。正因为如此，恒生指数估值长期在全球主要市场垫底，恒生中国企业指数和恒生红筹股指数估值亦长期低于恒生指数。

在港股牛市行情起步的 2024 年 1 月 22 日，恒生指数创出 14794 点的低位，股指水平竟然回到了 27 年之前，估值创下历史新低。截止到 2024 年 5 月 10 日，恒生指数在暴涨超 4000 点之后，恒生沪深港通 AH 股溢价仍然高达 137.29%。港股狂牛之后估值仍然远低于 A 股。

港股振兴离不开内地资金支持，香港的国际金融地位亟须加强，高层及时出台支持香港五项重大利好政策，个人建议应加上第六项减免港股通红利税。这将会彻底激活港股，也将大幅收窄外资今后看空唱空做空的操作空间。

若未来债牛终结，股票"高息牛"诞生，将会有效改变普遍的极端的重债轻股的现象。

前期发行产品绝大部分皆是顺势营销，产品含权量不是偏低而是极低甚至没有，持仓则奉行以债为荣以股为耻。敢于逆周期布局者寥寥无几。这一切将在未来债牛泡沫爆破、好股票"高息牛"出现之后彻底扭转。债券市场资金回流将有力支持"高息牛"。

中国首轮"高息牛"或已到来！

随着中国经济渐渐恢复，对全球经济增长贡献将持续增加。随着呼吁已久期盼已久的加大分红政策的到来，随着以投资者为本的理念变化，随着积极的股市政策加大力度，中国股市春天或已经到来。长期受到歧视、轻视、看空、唱空、做空的中国最优质资产扬眉吐气的时代或已经到来。首先从港股开始激发"高息牛"，随之到A股壮大"高息牛"，坚信做好人买好股会得好报。相信祖国，相信未来。

（2024年5月12日）

第五部分　我眼中的大势（2007—2024）

A股顶住IPO压力表现得异常顽强

港股大步流星收复19000点，再一次在全球股市中"秀肌肉"。港股的静如处子动若脱兔的风格展现得淋漓尽致。先救港股后救A股的策略是成功的。

最近A股表现也可圈可点。在IPO正常化的消息冲击之下，尚能够翻红，实属不易。遇利好不涨是熊市的特征，遇利空不跌是牛市的特征。特别是好股票，早已经被一网打尽，浮筹锁定良好，要购买就只能追高。虽然上证指数距离3000点不太遥远，但好股票股价距离3000点越来越远。在3000点之下不敢动手的人，随着时间的推移，必要越追越高，最后只能望股兴叹，这就是本人在3000点之下呐喊的根本原因。

还有一个动力是出海的资金回流。在年前，外资大肆看空唱空做空中国，鼓吹"卖出中国，买入日本、印度、美国"。有些人误信谣言，竟然以溢价23%去追涨，外资在抄走了中国资产的大底之后，"卖出日本、印度、美国，买入中国"又成新潮流。只可怜在3000点之下轻信了外资在底部割肉并在日本股市高位溢价接盘者，他们现在被挂在高空中瑟瑟发抖。不但股票被套割一刀，还被日元又割了一刀，眼泪只能在心里流。

虽然港股3个月暴涨超4000点收复19000点，但普通人参与并不多。

A股的"高息牛"早就启程，只不过参与者亦寥寥。绝大部分人都不相信股票会有股息，绝大部分人买股票都不为股息而来，他们不屑于看股息，甚至对股息嗤之以鼻。

绝大部分人不但缺乏价值投资理念，还缺乏长期投资准备，都是用急钱投资，很多人被反复诱惑使用杠杆到了极致，焉能淡定？生死博弈只争朝夕，焉能重视股息？

在创极端历史纪录的超低利率环境中，"高息牛"相应而生。

（2024年5月13日）

第五部分　我眼中的大势（2007—2024）

全球主要股指中其实 A 股最真实

很多市场指数皆由成分股构成，有些甚至只由 50 只股票组成，甚少采用全体股票组成。从真实的角度来看，中国股市最真实。

为了让股市更好看，很多著名指数不约而同地采用极少数量股票来组成成分股。比如用 50 只左右，在数千家里面挑出最好的 50 家，当然容易上涨。

反观 A 股，老老实实地采用全体股票组成指数，当然难涨。但是，这样最真实地反映了整体股票此消彼长的实际情况。只有最好的股票才能上涨，差股票不但不能够上涨，还会退市。

很多散户朋友并不了解国外股指的构成和上证指数的差异，一味指责和抱怨 A 股。殊不知 A 股才是最真实的。因为大部分市场指数只有 50 只股票，就算日经指数也只有 225 只，标普 500 指数也只有 500 只，很少有主要市场敢用全体指数，因为很难上涨。

很多人羡慕的美国股市，真实情况是这些年退市股票大于上市股票，上市公司数量逐渐减少，绝大部分差股票被毫不留情地淘汰了。其实一点都不比 A 股容易，在美股冲浪的爱好者冷暖自知。

（2024 年 5 月 15 日）

"地平线"保卫战再度打响

日前，IMF上调中国经济增长预期至5.0%。2024年5月财新中国制造业采购经理指数（PMI）录得51.7，较4月上升0.3个百分点，为2022年7月以来最高，显示制造业生产经营活动扩张加速。

上证指数从2024年5月20日高点3174点调整以来，已经16个交易日，再度接近3000点地平线，或将再次打响"3000点保卫战"。

最近市场调整最大的压力来自退市，同时纳斯达克中国金龙指数和恒生指数同步调整亦是原因之一。

在这次市场调整过程之中，退市对大盘调整的因素应该引起重视。一大批退市公司对散户的杀伤力巨大，不可不防，很多散户购买了退市股票损失惨重。

从长期来看，中国资产荒依然存在，长期资本入市方兴未艾，外资入市加快脚步，人民币国际化步伐日益坚定，中国股市会逐渐由耐心资本取代短期资金，由优质资产替代劣质资产，从国内走向国际形成蜕变。

（2024年6月11日）

第五部分　我眼中的大势（2007—2024）

规范程序化交易要加大实施力度

日前，沪深北三地交易所发布公告称，为加强程序化交易监管，促进程序化交易规范发展，维护证券交易秩序和市场公平，制定了《程序化交易管理实施细则》（简称《实施细则》），并向市场公开征求意见。

这是呼吁已久期盼已久的利好消息，建议加大实施力度。保护中小投资者利益，甚为重要！

量化基金在整个市场占比约为5%，但成交却占29%。相对2.1亿的还没有接受过证券投资教育的中小投资者，程序化交易特别是高频交易简直就是降维打击。

最好的股票是最难选的，最差的股票是最容易上当的，因为其故事最吸引人，题材最动听，股价波动较大，成交较活跃。

收割者是谁？收割者之一是退市公司的既得利益者，收割者之二就是不规范的量化交易者。所以对量化交易进行规范不仅是需要，而且是必要。

（2024年6月11日）

在"地平线"重新起飞或不再是奢望

美国 5 月 CPI 同比上升 3.3%，预估为 3.4%，前值为 3.4%；美国 5 月 CPI 环比持平，预估为 0.1%，前值为 0.3%。美国 5 月核心消费者价格指数环比上涨 0.2%，预估上涨 0.3%。

美国通胀数据好于预期，纳指和标普继续创历史新高，给中国股市带来良好的外围环境。

调整源自于垃圾出清大行动，这是中国股市的长期主线。即便市场因某些原因暂有缓和，但长期趋势一定要看清楚。

但不管怎么说，阶段性的出清放缓，市场的反弹就会形成。市场不可能永远下跌，总得给喘息的时间和空间，这样上行的契机和时间窗口就出现了。

若是从核心资产的角度来看，调整已经充分，重新企稳回升正当其时。

以 2024 年 6 月 12 日收盘数据来看，银行指数为 5.4 倍 PE 和 0.58 倍 PB，红利指数为 6.5 倍 PE 和 0.67 倍 PB，A50 指数为 10.1 倍 PE 和 1.14 倍 PB，恒生中国企业指数为 8.3 倍 PE 和 0.81 倍 PB。

在全球主要股市屡创历史新高的环境中，中国最优质资产被全球投资者争抢渐行渐近，人民币国际化步伐日益加快，外资占中国资产的配置比例提升是大趋势，中国股市大步流星走向世界不会太遥远。

（2024 年 6 月 13 日）

第五部分　我眼中的大势（2007—2024）

再谈保护投资者利益

陆家嘴会议传递出非常积极的信号，保护散户是亮点。

会议中对投资者保护的态度清晰。引入中长期资金非常重要，而提升上市公司回报投资者则是关键，对损害投资者利益的一系列行为表态露头就打，这非常提气。特别是对于退市过程中涉及的投资者保护，这次表示不允许一退了之，非常正确。

值得赞赏的这一段话是"主动加强与司法机关等方面协作，更好发挥投保机构的能动作用，推动更多证券特别代表人诉讼、先行赔付、当事人承诺等案例落地，为投资者获得赔偿救济提供更有力的支持"，这是会议的亮点。

投保机构是专门为保护投资者服务的机构，如何更好地发挥其作用，如何能够更好地保护投资者，如何为陷入困境的投资者提供必要的救济，相关的研究和应对还需大力加强。

提出先行赔付是一个重大进步，投资者能够先得到赔付，至少是部分赔付。当事人承诺也是必不可少的。

（2024年6月20日）

资金流入 ETF 曙光或出现

华泰柏瑞沪深 300ETF、易方达沪深 300ETF、华夏沪深 300ETF、南方中证 500ETF 等多只宽基 ETF 午后成交大幅放量，大资金出手的迹象明显。上周，A 股 ETF 合计获资金净流入 105.39 亿元，其中，82.45 亿元资金净流入上述 4 只 ETF。这是重要信号，值得高度重视。稳定市场的力量或出现。

自沪指 2635 点以来，增量资金流入核心 ETF 是市场稳定的重要原因。A 股稳定市场的力量一直存在，在历次救市中功不可没。在成熟市场类似力量亦承担起稳定市场的功能和责任，无一例外，日本央行甚至直接下场购买股票。关键是这力量什么时候出现，用力几何，这会深刻影响市场。

从估值水平、股债差、长期资本入市、外资入市、庞大的居民储蓄、中国经济增长潜力、人民币国际化等因素来看，对中国股市核心资产都不应该过度悲观，也许反而值得期待。要十分珍惜 3000 点之下的宝贵时光，或是越来越难见了。

（2024 年 6 月 24 日）

第五部分　我眼中的大势（2007—2024）

中国核心资产牛市或已到来

美联储于 2024 年 9 月开启降息周期，海外主要经济体增长预期下调，国际油价震荡回落，外需增长新添变数。国内政府综合施策，以撬动 A 股上涨行情为突破口，兼以更为积极的货币财政逆周期刺激政策，更大力度的稳楼市措施，以期带动国内投资消费需求增长。

2024 年 9 月 24 日，央行宣布创设 5000 亿元证券、基金、保险公司互换便利和 3000 亿元股票回购增持专项再贷款两项结构性货币政策工具，且这两项工具规模还可根据需求分别扩大至 1.5 万亿元和 9000 亿元，进一步打通了宽松货币政策直接利多资本市场的渠道。9 月 26 日，重要会议分析研究当前经济形势，部署下一步经济工作。会议提出加大财政货币政策逆周期调节力度，促进房地产市场止跌回稳，努力提振资本市场，支持上市公司并购重组等工作要求。同日，中央金融办、中国证监会联合印发《关于推动中长期资金入市的指导意见》，提出大力发展权益类公募基金、完善各类中长期资金入市配套政策制度等工作要求。10 月 12 日，财政部按照"926"重要会议要求，出台一揽子有针对性增量政策举措，包括加力支持地方化解政府债务风险；发行特别国债支持国有大型商业银行补充核心一级资本；支持推动房地产市场止跌回稳等方面内容。

此轮 A 股上涨为政策驱动行情，与前期中央汇金大量增持 A 股宽基 ETF 稳定市场举措相配合，"9·24"行情主力资金大幅拉抬 A 股主要指数，扭转A股长期弱势下行趋势，提振投资者入市做多信心。

从估值水平来看，此轮行情的低位是2024年9月18日的上证指数2689点，当期全部A股市盈率为12.39倍，市净率为1.18倍。2005年、2008年、2013年、2018年的上证指数低位998点、1664点、1849点、2440点的全部A股市盈率分别为14.37倍、13.11倍、10.86倍、12.25倍，市净率分别为1.54倍、1.91倍、0.77倍、1.23倍。可见，此轮行情低位的估值水平与A股以往历史大底估值水平相差不大。从技术层面来看，2024年9月18日的上证指数2689点与年初上证指数2635点低位和2020年低位的上证指数2646点形成长期底部支撑，而9月24日后的第一波涨势已探至3674点，市场成交快速放大，场外资金入市迹象明显，进一步强化上证指数2689点长期底部特征。

本轮上涨行情虽有个股齐涨现象，但后市结构分化不可避免，尤其是在利好政策出台至宏观经济实质转好的间隔周期内，市场场外增量资金或更倾向于没有减持压力且股息率偏高、估值较低的蓝筹股，这些股票具有攻守兼备的特征。例如，截至2024年10月15日，上证50板块和沪深300板块的股息率分别为3.65%和3.06%，而上市公司及其股东在商业银行借款用于股票回购和增持的成本为2.25%，其中存在约1.4%和0.81%的套利空间，这有望吸引大量资金参与高股息品种的回购增持套利操作中，进而抬升低估值高股息蓝筹股的整体估值水平，且随着经济形势的改善，蓝筹股或有更好分红表现，回购增持套利仍有可能再现，进而吸引稳健资金参与高股息品种的投资。对于没有股息回报的品种，或难受益这种套利操作，经营预期不乐观的情况下，上市公司或面临并购重组，或面临股东在二级市场减持压力。未来随着A股行情进一步好转，其增量资金将来自当前仍在追逐低收益率债券资产和忍受银行低储蓄利率的资金，股债配置比例严重失衡现状将得以改善，居民资产的多样化有望带来其财富增值的机会，当

第五部分 我眼中的大势（2007—2024）

然权益类市场的主要投资标的或应是具备业绩优良且高股息的 A 股的核心资产，中国核心资产牛市或已到来。

（2024 年 10 月 16 日，此文郑罡有重要贡献）

后记

本书距离 2010 年第一版，一晃已过 14 个年头了。

2024 年 9 月 18 日，上证指数创下 2689 点的低位，从估值水平来看，代表核心资产的部分主要指数处于自 2000 年以来的最低区域，核心资产的基础非常扎实。

2024 年 9 月 24 日，国务院新闻办举行的发布会宣布了一揽子政策举措，包括央行为资本市场创设了互换便利以及再贷款，彻底点燃了股市热情。自 2007 年首次上穿 3000 点以来，经历了 17 个年头之后，上证指数在 2024 年 9 月 26 日一举上穿 3000 点地平线。

这次牛市或许是中国股市一次真正意义上的牛市，伴随着中国经济对全球经济增长的持续拉动作用，伴随着人民币的国际化提速，伴随着美股估值处于极端高位，伴随着外资对中国资产从低配到重视的过程，伴随着东升西落的开启，伴随着国内长期资金入市、融资与投资的平衡、投资者回报的增加、分红比例的提升、股债差的收缩、（债市和）居民储蓄向股市的转移等等，有望形成缓慢而悠长的慢牛格局，当然仅限于余钱好股，仅限于中国最低估最核心最优质的资产。

本书在第三版的写作过程中，得到经济日报出版社的大力支持，也很荣幸得到了同事郑罡和方子扬的鼎力帮助，两位同事进行了大量选稿、校对、审核和其他海量辅助工作，为本书的最终完成做出了重要贡献，特此对为本书做出贡献的工作人员和读者表示衷心感谢！

本人弘扬余钱投资、理性投资、价值投资的投资理念，在悲观中拥抱最低估最优质最具有竞争力的蓝筹龙头股，远离高估五类（高估的小、新、差、题材、伪成长）股票。

股票投资风险巨大，各门各派，百花齐放，百家争鸣。本书仅仅是一家之言，仅供参考，切不可作为操作依据。所涉个股及投资品种仅作为举例并非推荐，操作风险自担。由于本人水平和经验有限，不当之处，恳请批评指正。

李大霄